영유아를 위한

교과교재 연구 및 지도법

한성희 · 홍길회

창지사

머리말

영유아는 언어 능력이 미숙하므로 사물을 실제로 다루면서 감각을 통해 새로운 것을 학습합니다. 따라서 구체적인 경험을 제공해 주는 교재와 교구가 필요하며, 이들 교재교구는 학습 활동의 질을 좌우하는 중요한 역할을 합니다. 그러므로 현장의 교사는 효율적인 교수학습 방법의 터득을 위해 교과교재에 대한 이론적 기초와 더불어 교재교구를 실제로 제작하는 절차와 활용하는 방법을 습득하여야 합니다.

현재 국가수준의 영유아교육 과정에는 연령별로 표준보육과정과 누리과정이 제정되어 있습니다. 이 책에서 개발한 교재교구는 연령별로 구성되었고, 활동목표에 표준보육과정과 누리과정의 영역에 맞추어 교육 과정 관련 요소를 제시하였으므로 영유아교육 과정에 맞추어 교재교구를 제작하고 활용하는 데 참고자료가 될 수 있을 것입니다. 또한 한 가지 교재교구를 다양한 영역으로 활용할 수 있으므로 교재교구별로 주된 목표를 먼저 제시해 보고 추가로 또 다른 목표를 제시한 사례도 있다는 점을 밝혀 둡니다.

이 책은 영유아의 발달 수준에 적합한 교재교구의 제작 방법을 단계별로 제시하고, 제작된 교구를 사진으로 소개하며, 실제로 활용하는 방법을 제안하는 것을 목적으로 합니다. 따라서 이 책을 통해 개발된 교재교구는 그 제작 방법과 활용 방법을 설명과 더불어 사진 자료로 제공하여, 유아교육이나 보육을 공부하는 예비교사들이 쉽게 교재교구의 제작 방법과 활용 방법을 익힐 수 있도록 도와줄 것입니다.

더불어 현장에서는 교육 계획의 수립과 운영을 위해 다양한 교과교재의 개발을 요구하고 있으므로 현장의 영유아교사에게 수업 활동 주제에 적합한 교재교구의 제작과 활용에 많은 도움을 주어 결과적으로 교수 방법 향상을 이끌어 줄 수 있을 것으로 기대합니다. 따라서 영유아교육 현장의 교사들은 물론 교사 양성 기관에서 공부하고 있는 예비교사들에게 교과교재를 연구하고 지도하는 데 있어 참고할 수 있는 지침서가 되기를 희망해 봅니다.

많은 시간 동안 시행착오를 거치며 주변에서 쉽게 볼 수 있는 재료를 이용하여 영유아에게 발달적으로 적절한 교재교구를 제작하고 활용해 보고 평가하는 과정을 거치면서 교재교구를 개발해 온 중곡1동 어린이집의 전직 및 현직 교사들께 깊은 감사를 드립니다. 또한 출간을 허락한 창지사 김기섭 사장님을 비롯해 편집부 및 관계자 여러분께도 감사드립니다.

2019년 2월

저자

차 례

제 1 부

이론편

교과교재의 이해와 활용

제1장 교과교재의 이해

1. 교과교재의 개념 및 중요성
2. 교과교재의 역사
3. 교과교재의 기초 이론

제2장 교수학습 방법과 교과교재 연구

1. 교수학습 방법과 교과교재와의 관계
2. 교수학습 방법의 개념 및 원리
3. 교수학습 방법의 분류 및 유형
4. 영유아교사의 교수학습 전략

제3장 교과교재의 유형과 활용

1. 교과교재의 유형
2. 교재교구의 선정과 배치
3. 교재교구의 제작과 평가
4. 교재교구의 활용과 보관
5. 환경 구성과 교재교구

교과교재연구 및 지도법

제 1 장

교과교재의 이해

1 교과교재의 개념 및 중요성

1) 교과교재의 개념

인간의 발달에 있어 영유아기는 매우 중요하며 평생의 기틀이 되는 시기이므로 다양한 경험과 기회를 제공하는 것이 중요하다. 따라서 영유아들의 놀이 경험을 의미 있게 이끌어 주는 자료가 필요하며, 이렇게 교육기관에서 영유아들의 놀이 활동을 의미 있게 이끌어 주는 자료를 교과교재라 할 수 있다.

교과교재의 사전적 의미를 살펴보면 교육의 목표를 효과적으로 달성하기 위하여 선택하는 언어적 또는 비언어적 도구라고 정의한다. 언어적인 것은 교재, 비언어적인 것은 교구라고 하여 구별하기도 하고, 양자를 통틀어 교구라 하고 교재는 교과목이나 학습 영역으로 나누기도 한다(네이버 백과사전, 2010). 또한 교재는 교육을 하는데 필요한 재료이고, 교구는 학습을 구체화하고 효과적으로 학습이 이루어지도록 하기 위해 사용하는 도구로서 표본, 모형, 칠판, 괘도 등으로 정의할 수 있다(표준국어대사전, 1999).

교육의 과학적 · 조직적 접근을 의미하는 교수공학과 교수매체의 개념 체제 속에서의 교구란 교육 활동에서 매체를 제시하는 구체물로서 영유아가 학습할 내용과 활동을 연결하여 학습 목표를 달성하기 위해 여러 가지 형태로 쓰이는 물품이라 할 수 있으며, 교재란 교육 목표를 달성하기 위해 영유아가 학습할 내용이며 각종 정보 제시 기기를 통하여 제시되는 교수 자료로 볼 수 있다.

즉, 교과교재란 교수-학습 과정에서 교사와 학습자 간의 정보를 전달하는 매개체라고 할 수 있으며, 모든 인쇄 매체, 실물, 표본, 영화, TV, 게시판, 컴퓨터, 영유아를 위한 놀잇감 등이 포함된다(나은숙 외, 2018).

유아교육에서는 학교교육처럼 교수-학습 활동이 유아들의 생활 또는 놀이와 구별되지 않으므로 의도적으로 교수-학습 활동에 쓰이지 않는다고 해서 교재나 교구가 아니라고 할 수 없으며, 교구 그 자체가 학습의 내용이 될 수 있으므로 교구와 교재를 구별 짓기 어렵다.

따라서 교과교재란 영유아교육 현장에서 교사의 집단 활동뿐만 아니라 자유선택활동 시간의 개별 활동 또는 실외 활동 등 하루 일과 중에 영유아들이 사용하는 모든 자료를 통칭하며, 넓은 의미에서는 영유아교육기관에서 교육 활동에 활용되는 모든 인쇄 매체, 실물, 표본, 놀잇감, 환경 구성 자료, 게시판, 그림, 사진 자료, 자연물, 컴퓨터 등 모든 학습 자료를 말한다.

2) 교과교재의 중요성

영유아는 감각 기관을 통해 여러 가지 정보를 받아들이고 다양한 교재교구로 놀이하는 동안 자신이 경험하고 느낀 것을 내면화하게 된다. 따라서 영유아의 발달에 적합한 교과교재를 제공하여 생활 속에서 경험을 통하여 학습할 수 있도록 다양한 자료를 활용하여야 하며, 영유아의 발달에 적합한 교재교구는 학습의 질을 결정하며, 유아기의 교육적 효과를 높이는데 매우 중요하다. 따라서 교과교재의 중요성은 다음과 같이 요약될 수 있다.

첫째, 교과교재는 교사와 유아, 유아와 유아 간의 원활한 상호 작용을 촉진하는 매개체 역할을 함으로서 교육 내용의 이해와 언어적 발달을 돕는다.

둘째, 영유아는 놀이를 통해 배우며 놀이가 곧 학습이 된다. 따라서 교과교재는 유아들의 흥미를 자극하여 다양한 놀이 활동에 자발적으로 참여할 수도 있도록 이끌어 교육 효과를 높인다.

셋째, 영유아는 교과교재를 통해 활동의 내용과 방법에 대해 명료하게 이해하게 되고, 효과적인 활동 방법을 탐색하고자 하는 동기를 부여받아 활동을 심화 · 확대시킨다.

넷째, 교과교재를 조작하고 만져 보고 탐색하고 관찰하면서 신체 및 감각 능력을 발달시킬 수 있다.

다섯째, 교과교재를 사용하여 놀이하는 과정에서 규칙을 지키고, 행동을 절제하며, 협동하는 방법을 배우게 된다.

여섯째, 다양한 교과교재와 상호 작용을 통해 창의성과 예술성 및 표현 능력을 기른다.

이와 같이 교과교재는 영유아의 적극적인 탐색 활동을 유발하고 자극하여 교육의 내용과 질을 결정하게 되므로 영유아의 학습을 촉진시키는 데 중요한 역할을 한다. 따라서 다음과 같은 사항에 유의하여 영유아의 발달 수준과 특성에 맞는 다양한 교과교재를 마련하고 제공해 주어야 한다.

첫째, 영유아기는 감각 기관을 통해 환경을 인식해 가는 시기이므로 가장 효과적인 학습을 위하여 구체적인 사물이나 자료를 가지고 활동할 수 있도록 해야 한다. 즉, 영유아는 사물을 관찰하고, 만져 보고, 냄새 맡는 등 감각을 통해 사물을 탐색하는 과정에서 지식을 구성하므로, 영유아의 감각 기관을 자극할 수 있는 교과교재를 제공해 주는 것이 필요하다.

둘째, 영유아의 놀이와 학습은 분리시켜 생각할 수 없다. 즉, 영유아는 놀이를 통해 배우기 때문에 영유아의 호기심을 자극하여 다양한 놀이 활동을 이끌어 낼 수 있는 풍부한 교과교재가 마련되어야 한다.

셋째, 영유아는 다른 시기에 비해 발달에 있어서 개인차가 크기 때문에 대집단 활동보다는 주로 소집단 활동이나 개별 활동이 요구된다. 영유아가 자신의 발달 수준에 적합한 개별 활동이나 소집단 활동을 할 수 있도록 하기 위해서는 다양한 수준의 교과교재를 제공해 주어야 한다.

2 교과교재의 역사

1) 코메니우스(Comenius, 1592~1670)

코메니우스
(Comenius)

Comenius는 유아교육에 가장 큰 기여를 한 최초의 유아교육 사상가이며 오늘날 서구적 교육 제도의 창시자로 알려져 있다. 그는 모든 사물을 정확하게 가르치기 위한 자료는 감각적 경험의 세계에 기초를 두어야 하며, 실물 자료로 제시할 때 유아의 감각 기관 및 심상 형성에 유용하다고 하였다.

그는 인문주의(인본주의) 사상에 입각하여 아동교육에 헌신한 신학자이며 모든 사람에게 모든 것을 모든 방법으로 가르쳐야 한다는 범교육론을 주장하였고, 강요에 의한 가르침은 바람직하지 않다고 하였다.

언어 위주의 교육에 반대하고 활동과 감각 중심의 교육을 강조하였고, 직접 볼 수 있는 실물이나 표본, 사진, 모형 등 구체적인 사물을 제시하여 유아가 감각을 통해 사물을 인식한다고 보았다. 교육을 통해 유아들은 그들의 문화적 특성과 조화를 이룰 수 있다고 보고 연령, 빈부, 성별에 차별 없이 균등하게 교육을 받아야 한다고 보편교육을 주장하였다.

Comenius의 교수 이론을 요약해 보면 다음과 같다(안인희 외, 1992).

- 직관의 훈련을 통해 기억하고 판단하며 창조하는 과정을 거쳐 쉬운 것부터 어려운 것으로 나아가야 한다.
- 언어 이전에 사물이나 모형을 먼저 제시하고 사물에 대한 언어의 적용은 나중에 해야 한다.
- 자연은 비약하지도 중단하지도 않는다. 이와 마찬가지로 교수도 기초 학습이 다음 학습 단계로 옮겨져 끊이지 않고 점진적으로 이루어지도록 해야 한다.
- 학습은 직관에서 출발해서 감각에 호소하도록 해야 한다.
- 자연은 불필요한 것을 하지 않는 것과 같이 학습도 생활에 유용하고 가치 있는 것을 선택하여야 한다.
- 학습은 어린이의 흥미와 의욕을 환기시켜 유쾌한 생활로써 진행되어야 하며, 교재 선택과 취급도 자연 법칙에 따라야 한다.
- 자연은 한 가지 사물에만 사로잡히지 않고 모든 사물에 동시에 똑같은 햇빛을 골고루 비추어 주듯이 학습도 전 학년에 똑같은 과제를 부과하고 모든 교과와 언어도 동일한 방법에 의해 실시해야 한다.

Comenius의 『대교수학(大敎授學, *Didactica Magna*)』은 광범위하고 체계적인 교육학 서적으로, "어린이는 신의 가장 소중한 선물이며 헤아릴 수 없이 소중한 보배이다."라는 주장이 담겨 있으며, 정해진 규칙의 강요보다 구체적인 사례 중심, 경험주의에 입각하여 교육이 이뤄져야 한다는 교육 원리를 강조하였다.

코메니우스(comenius) 대표 저서들

한편 Comenius의 『세계도회(世界圖解, *Orbis Pictus*)』는 최초의 유아 그림책으로 어린이에게 흥미를 주고 내용의 이해를 위해 주제에 따라 알맞은 설명과 적합한 삽화가 들어 있어서 시각적 교재의 효시가 되었다. 초보적인 언어 교과서이기도 하지만 감각주의와 사물주의 교육 사상이 접목된 형태이며, 신, 세계, 하늘, 물, 구름, 금속, 돌, 수목, 꽃, 곤충, 인간 등으로 목차가 구성되어 있다. Comenius의 자연 질서에 따른 교육은 유아교육에 큰 영향을 끼쳤으며, 직접적 사물을 통한 교육, 가정교육을 강조한 교육 사상은 Rousseau, Pestalozzi 등으로 이어지는 아동 중심 교육 사상의 밑거름이 되었으며, 교육 철학에 지대한 영향을 미쳤다.

2) 루소(Rousseau, 1712~1778)

루소
(Rousseau)

Rousseau는 영유아를 발달 단계에 따라 스스로 발달하는 주체적 존재로 인식하였고, 아동은 선천적으로 순수하게 태어나지만 사회 속에서 성장을 하면서 타락하게 된다는 성선설을 주장하였다. 교육 과정으로는 그들의 순수성, 자연성이 자유로이 발달하도록 아동 중심으로 이루어져야 함을 주장하였다. 자연과 인간에 의한 교육으로 자연주의 교육관을 제시하여 후세에 큰 영향을 끼쳤으며, 교사나 교육 과정도 아동 발달과 성장에 맞추어야 하고, 교육 내용 방식도 아동이 결정해야 한다고 강조하였다.

또한 사물에 의한 교육 즉, 아동으로 하여금 주변에 있는 자연 사물을 일상적으로 접근하고 감각적으로 경험하도록 하는 환경에 의한 교육을 강조하며, 실물교육, 감각교육을 통한 어린이의 자연스런 성장 발달을 주장함으로써 시청각적 교육 경험을 중시하는 교육 사상을 전개하였다.

Rousseau는 『에밀(Emile)』에서 인간 발달에 따른 다섯 단계의 교육을 제시하였다. 그는 Emile이 성장함에 따라 나타내는 독특한 발달 특징을 연령별로 기술하고 이에 적합한 단계별 교육 형태를 제시하였다(조성연 외, 2006).

- 유아기(1~5세): 신체적 발육이 중심이 되는 시기로, 자연의 질서에 따라 영유아를 양육해야 하는 시기이며, 양육에 있어서 가장 기본적인 것은 어머니에 의한 교육이다. 가정교육과 체육교육이 가장 중시되는 시기이다.
- 아동기(6~12세): 아동의 자연성이 자유롭게 발휘되도록 소극적 교육이 이루어져야 하는 시기이므로, 이 시기까지는 지식적인 교육을 멀리하고 감각과 경험을 통하여 교육이 이루어져야 한다.
- 소년기(13~15세): 사물에 대한 판단력과 비판력이 생기고 이성적 사고가 작용하는 시기이므로 지적인 교육이 가능한 시기이다. 이 시기부터는 사회 문제에 관심을 갖게 하며 적극적 교육이 이루어져야 한다.
- 청년기(16~20세): 이 시기는 정욕이 발생하므로 도덕적인 생활이 필요하고 인간관계와 사회 제도에 관한 지식을 배우게 되므로, 사회생활교육과 감성교육이 필요한 시기이다.
- 시민교육(20세 이후): 이 시기는 배우자를 선택하고 가정인이나 사회인으로 독립하는 시기이므로 성교육이 필요하다.

Rousseau의 교육 방법은 자연에 의한 교육, 사물에 의한 교육, 인간에 의한 교육으로 요약될 수 있다. 자연에 의한 교육은 인간의 내부에 천성적으로 갖추어진 각 기관과 능력의 자연스러운 내면적 발달을 의미하며, 사물에 의한 교육은 외부 세계의 사물과 접촉하여 감각과 경험에 의해 획득되는 것을 말하며, 인간에 의한 교육이란 자연, 사물, 그리고 교육이 잘 조화되어 동일한 도달점, 동일한 목적에 일치할 때만 참된 인간교육이 가능하다는 것을 의미한다. 이 세 가지 교육의 조화는 자연에 의한 교육이 핵심이 되고 다른 두 교육은 이 자연의 원리를 존중하면서 이루어져야 한다(김정원 외, 2010).

한편 소극적 교육은 자연성의 내적 발달을 방해하고 인위적인 영향을 미치는 모든 요소들을 제거함으로써 영유아의 자연스러운 발달을 조장하는 것으로 영유아 스스로 보고 느끼며 자신의 이성으로 판단하여 행동하게 하는 것이다. 소극적 교육은 언어 습득과 오관의 연습이 주된 목적이며 사물은 경험을 통해 배우게 되므로 사물에 관한 여러 경험을 위주로 한 교육과 감각 훈련을 중요시하였다(조성연 외, 2006).

3) 페스탈로치(Pestalozzi, 1746~1827)

페스탈로치
(Pestalozzi)

Pestalozzi는 교육이 구체적인 사물과 자연에 대한 관찰 및 접촉에 의한 경험에서 시작되어야 한다고 주장했다. 감각을 통해 직관력을 발달시키고 직관에 의해 사물을 정확하게 인식하고 이해하는 교육을 실천하였고, 모든 교육은 감각적 인지를 그 기초에 두고 있으며 적절한 경험을 통해 잠재적 가능성을 개발시킬 수 있다고 믿고 실물 교수 방법을 주장하였다.

직관 중심의 교육 원리는 Comenius와 비슷하나, 의미는 더 발전된 것으로 직관이란 감각적 지각에 덧붙여 인간이 독립적 실체로써 사물이나 현상에 대해 주체적으로 인식한다는 것을 의미한다. 이러한 직관을 통해 아동 스스로 내면세계를 발전시킨다고 보았다.

Pestalozzi의 교육 방법을 요약해 보면 다음과 같다(김정원 외, 2010).

- 합자연의 원리: 인간 본성에 내재하는 힘과 소질을 자연스럽게 개발하자는 것으로 자연의 도에 일치하는 교육이 인간교육의 방법이라는 것이다.
- 자발성의 원리: 인간 본성에 내재되어 있는 소질은 스스로 바람직한 방향으로 발전하려는 성향을 지니고 있으며, 스스로의 의지적 노력과 자발적 참여를 통해 실현된다는 것이다.
- 직관의 원리: 직관은 자기 마음으로 세계의 본질을 체험하는 것으로 사물의 본질과 이 세상의 도덕적인 질서를 자신의 심안으로 예감하는 것을 의미한다. 유아기는 지식이나 언어 중심의 추상적, 관념적인 교육을 배제하고 감각을 통하여 사물을 직접 경험하고 체험하게 하는 것이 효과적이라고 보았다.
- 조화의 원리: 교육을 통해 인간성 안에 내재되어 있는 소질과 능력을 조화롭게 발전시켜 인격을 도야하는 것을 뜻한다.
- 친근성의 원리: 교육은 가장 근접한 생활에서부터 점진적으로 확대되어 가는 것으로 생활하는 방법을 배우는 것이다. 생활 속에서의 경험을 통해 유아들의 관념은 명확해지고 모든 지식의 절대적인 기초는 생활 경험의 인식에서 출발한다고 볼 수 있다.
- 노작의 원리: 생산 활동을 교육의 기초로 삼아 노동을 교육의 방법적 원리로 중시한 것으로 교육과 노동의 결합을 통해 교육의 생활화, 관념의 명료화, 주의력의 집중화가 가능하다고 보았다.

Pestalozzi의 교육 방법은 학습이 감각, 지각, 관찰과 자연과의 접촉, 즉 경험과 함께 시작해야 한다는 관점에 토대를 두고 있다. Pestalozzi가 제시한 자기 활동의 교육 방법은 인간이 가지는 자연적인 힘을 내적인 힘에 의해 자발적으로 발전하게 한다는 것으로, 아동 스스로의 교육으로 내면적인 자아의 발전과 자율적인 자기 형성을 가져온다는 것을 의미한다.

4) 프뢰벨(Fröbel, 1782~1852)

프뢰벨
(Fröbel)

Fröbel은 영유아를 위해 체계적 프로그램을 개발한 철학자, 교육자로서 Pestalozzi의 직관적 교육을 보다 구체화 시켜 예감과 상징을 통해 이를 실제적인 교육 프로그램에 반영함으로써 교육 이념의 현실화에 기여하였다.

1840년에 최초로 유치원을 설립하였는데, 이때 'Kindergarten' 은 아동들이 뛰어놀 수 있는 정원이라는 의미를 갖는다. 교육적인 놀잇감 '은물' 과 '노작' 을 통한 활동, 노래와 게임, 정원 활동으로 놀이의 중요성을 강조하였다.

Fröbel은 가르침과 학습의 원리를 중시하고 놀이를 이용한 감각과 정신교육을 통한 신체 기능과 감각 기능을 발달시켜야 한다고 제안하였으며, 놀이는 단순히 신체나 손발의 감각을 키우고 강하게 할 뿐 아니라 심성을 발달시키는 내면적이고 정신적 기능을 가진다고 주장하였다.

유아들은 태어나면서 창조적이고 구성적이기 때문에 유아 스스로 창조력을 자각하는 훈련이 필요하며, 이 훈련을 위해 이상적인 놀잇감이 필요하다고 보았다. 이렇듯 놀이를 통한 교육을 강조하며 은물 작업을 고안하여 제작함으로써 이를 통해 인간과 자연과 신의 통합을 이루고자 하였다. 은물은 신이 주신 선물이라는 뜻으로 세계 최초의 유아 교구로서 블록 교구의 효시라고 할 수 있다. 은물은 형태(제1~제6은물), 면(제7은물), 선(제8은물), 점(제9은물), 재구성(제10은물)의 다섯 영역의 10가지로 구성되어 있으며, 단순한 것에서 복잡한 것으로, 구체적인 것에서 추상적인 것으로, 가벼운 것에서 무거운 것으로 활동을 진행해 나가도록 되어 있다. 유아들은 교사의 지시에 따라 은물을 조작할 수 있고 이를 통해 형태, 크기, 색뿐 아니라 수 세기, 비교하기, 크기 측정 등을 배울 수 있다. 그는 은물 이외에도 11가지 작업을 고안하였는데, 이는 조립이나 분해 활동을 통해 주로 정신운동적 기능을 발달시키는 프로그램이다. 이 작업은 구멍 뚫기, 바느질하기, 색칠하기, 상자 만들기 등으로 구성되어 있다. 주입식 교육이 성행하였던 당시에 이러한 교육 방법은 매우 획기적인 것이라 볼 수 있다. 그러나 Fröbel은 지나치게 신중심적인 사상을 가지고 이것을 유아들의 놀이와 관련지어 활동함으로써 인위적이고 추상적인 면을 가지고 있다는 점에서 비판을 받고 있다. 또한 상징주의적인 입장을 가지고 있고 교사의 역할을 지나치게 강조하여 영유아들이 은물을 자유롭게 사용하는 것을 금지하였기 때문에 영유아의 자발성이나 창의성의 발전을 제한한다는 비판적 시각이 있다.

Fröbel 교육 방법의 기본 원리를 살펴보면 다음과 같다(김정원 외, 2010).

- 통일의 원리: 신은 만물의 조화와 통일의 근원이고 모든 유기체 중 인간은 가장 신적인 요소를 많이 가지고 있다고 보았다. 따라서 교육의 목적은 이러한 신성을 유아에게서 발현시키는 것이며, Fröbel은 신성의 개념 속에서 신, 인간, 자연이 삼위일체가 되는 통일을 주장하였다.
- 자기 활동의 원리: 인간의 발달은 외적인 강요나 구속에 의해 이루어지는 것이 아니라 내부로부터의 자기 발달에 의한 것이므로, 교육을 통해 유아들 속에 잠재되어 있는 신성을 자기 활동에 의해 외부로 이끌어 내야 한다.
- 노작의 원리: Pestalozzi의 노작교육 사상을 계승하고 발전시킨 것으로 노작은 생산 활동을 의미한다. Fröbel은 노작의 중요성을 강조하여 근로정신과 생산 활동은 어린 시절부터 교육되어야 한다고 주장하였다.
- 사회화의 원리: 인간은 사회적 동물이므로 협동과 예절 등의 교육을 강조하였으며, 이러한 교육이 Fröbel 유치원의 특징이 되었다.

- 은물의 종류

제1은물

제2은물

제3은물

제4은물

제5은물

제6은물

제7은물

제8은물

제9은물

제10은물

출처: 한국가베교육협회 홈페이지.

- 작업의 종류

1. 종이에 구멍 뚫기
2. 종이에 바느질하기
3. 그림 그리기
4. 물감이나 크레용으로 칠하기
5. 종이끈으로 형태 만들기
6. 매트 짜기
7. 색종이 접기
8. 종이 오리기
9. 불린 콩으로 구성하기
10. 종이로 모형 만들기
11. 점토로 모형 만들기

5) 몬테소리(Montessori, 1870~1952)

몬테소리
(Montessori)

Montessori는 이탈리아 최초의 여의사로서 정신 지체아에 대한 관심을 가지고 교육으로 이들을 구제하려 하였다. 정신 지체아를 위한 교육 방법과 교구를 개발하였고, 이를 발전시켜 정상아들의 교육에 적용하였으며, 1907년 산 로렌조(San Lorenzo)에 어린이집을 세워 빈민 아동을 대상으로 자신이 개발한 교구들을 적용하였다.

Montessori의 교육 내용은 다음과 같이 일상생활교육, 감각교육, 수교육, 언어교육으로 나누어 볼 수 있다.

(1) 일상생활교육

일상생활교육은 그 나라의 지리적 환경 조건 및 문화적 환경 조건에 따라 여러 가지의 생활 방식을 인격 형성에 필요한 작업으로 수용하여 연습하는 것이다. 이 교육의 목적은 구체적 작업의 습득과 운동 조정을 통해 질서감을 발달시키는 것이다.

일상생활교육은 첫째, 환경의 배려, 둘째, 자기 자신의 관찰과 몸단장, 셋째, 타인과의 사회적 연관성, 넷째, 손가락의 소근육 운동을 위한 개인적 연습, 다섯째, 운동 조절을 위한 대근육 연습 등의 내용으로 구성되어 있다. 그에 따른 하위 교과 활동은 다음과 같다.

가) 환경의 배려

- 운반하는 작업: 의자 · 책상 나르기, 쟁반에 물건 나르기
- 넣는 작업과 거는 작업: 가방, 모자, 실내화 등 자기 용품 장 속에 넣기
- 열고 닫는 법: 문, 서랍, 뚜껑 달린 상자 열고 닫기
- 옮겨 닫는 법: 쌀 옮기기, 쌀 떠내기, 모래 옮기기, 색깔 있는 물 따르기, 금붕어 물 갈아주기

- 닦는 일과 세탁: 책상 닦기를 위한 도구와 세탁에 필요한 도구
- 다리미질: 다리미, 옷감 넣을 바구니, 다림판, 헝겊, 물뿌리개
- 청소(쓸기): 빗자루 · 쓰레받기 · 쓰레기통 등 청소 도구, 앞치마
- 매트의 청소(솔질): 딱딱한 솔과 매트, 쓰레받기
- 광내기(금속 광내기): 비닐 테이블보, 크고 작은 헝겊 말이, 광약, 금속 용기, 앞치마, 헝겊 넣을 바구니
- 자르기(야채 썰기): 도마, 칼, 야채 바구니 2개, 야채
- 꽃병의 물 갈아주기: 쟁반, 꽃꽂이 가위, 물 주전자, 넓은 그릇, 긴 솔, 신문지, 소형 양동이, 걸레, 타월, 소형 탁자
- 촛불 켜고 끄는 법: 성냥, 양초, 촛대, 불 끄는 용기, 물 넣는 항아리
- 식탁 준비: 테이블보, 접시, 식기, 주전자, 수저, 쟁반 2~3개, 꽃병
- 정원 가꾸는 작업

나) 자기 자신의 관찰과 몸단장

- 입고 벗는 작업
- 머리 손질
- 손 씻는 일
- 구두 광내기
- 코 푸는 방법
- 다양한 종류의 단추와 끈 매기

다) 타인과의 사회적 연관성

자리를 권할 때, 타인의 앞을 지나갈 때, 타인에게 손해를 입혔을 때 양해를 구하는 말을 하는 일, 타인을 괴롭히거나 귀찮게 만지는 일, 준비 없이 나타나는 일을 하지 않고, 생일, 크리스마스나 명절 등 특별한 선물을 주고받는 일 등이 포함된다.

라) 손가락의 소근육 운동을 위한 개인적 연습

- 꿰는 일
- 분류하는 일
- 접는 일(종이)
- 붙이는 일(다양한 형태의 종이 도형 붙이기)
- 자르는 일(종이 오리기)
- 바느질

마) 운동 조절을 위한 대근육 연습

- 선 위를 걷기
- 정숙 훈련

(2) 감각교육

감각교육은 영유아의 제 감각의 발달 및 형성을 도와 명확하고 강한 지성의 기초를 확립하는 것이며, 영유아가 현재와 미래 사회에 잘 적응하도록 하기 위한 탁월한 관찰자가 되도록 하는 데 목적이 있다. 아동의 오감을 발달시키고 이를 통해 분류와 조작의 사고 능력을 증진시키며 수학 및 언어의 발달에 도움을 주는 기초적인 교육이다. 유아가 시각, 청각, 미각, 촉각 등 감각을 경험할 수 있도록 교구를 제작하였다. 예를 들면 분홍 탑, 갈색 계단, 빨간 막대, 원통 꽂이, 미각 항아리, 후각 상자, 소리 상자 등이 있다.

(3) 수교육

수교육은 영유아의 지적 발달을 자극하기 위해 논리적으로 사물을 생각해 가는 힘을 갖도록 하는 데 그 목적이 있다. 유아기의 생활 경험을 통해 수와 양을 논리적으로 배울 수 있으며, 이러한 교육을 통해 인격 형성에 필요한 추상력, 상상력,

이해력, 판단력 등을 기를 수 있다. 교구로는 수 막대, 셈하기, 상자 홀수와 짝수 구슬대, 덧셈판, 분수대 등이 있다.

(4) 언어교육

언어교육은 모국어를 정확하게 이해하고 표현하는 기초 능력을 기르는 것이며, 모국어 학습을 통해 문화의 전승과 창조의 힘을 발달시켜 사고력, 이해력 증진을 통한 논리적, 과학적인 사고를 확립시키는 것이다. 언어 관련 교구로는 모래 한글판, 쓰기 연습판, 지구의, 세계 지도 퍼즐, 동식물 나뭇잎 도형 서랍 등이 있다.

Montessori 교육의 가장 큰 특징은 감각 기능의 훈련에서 찾아볼 수 있다. Montessori에 의하면, 유아기는 환경에 대한 호기심으로 가득 찬 시기이며, 단순한 감각과 운동 능력이 발달하는 시기이다. 따라서 Montessori는 감각 훈련을 목적으로 고안된 '몬테소리 교구'를 사용해서 유아의 감각 식별 능력을 발달시키고자 하였다. 그녀는 오관을 훈련시키기 위해 감각교구를 사용하여 훈련을 반복하면 지성이 강화된다고 믿었다.

몬테소리 교구는 Fröbel의 은물과 같이 어린이의 자발적 활동을 유발시킨다는 공통점을 가지고 있지만 Fröbel의 은물과 달리 개별적인 감각 식별능력을 훈련시키기 위한 목적으로 사용되었다. 특히 몬테소리 교구는 유아의 민감기에 따라 가장 적절한 교재가 될 수 있도록 다양하고 세부적인 단계로 제시된다. 이 교구는 그 사용법이 엄격하게 규제되어 있어서 정해진 목적과 방법 이외의 상상 놀이 같은 다른 용도로 사용되는 것은 허용되지 않는다. 따라서 몬테소리 교구 사용이 과연 Montessori가 주장하는 교육 성과를 달성시키는 데 가장 적합한 방법인가에 대해서는 논의의 여지가 있다(안인희 외, 1993).

● 감각 및 수 교구의 예

원기둥

분홍 탑

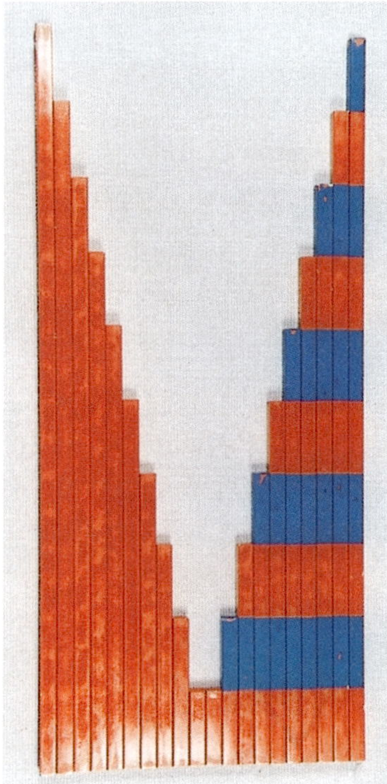

빨간 막대

소리 상자

후각 상자

출처: 한미몬테소리협회(2018). 몬테소리 감각 영역.

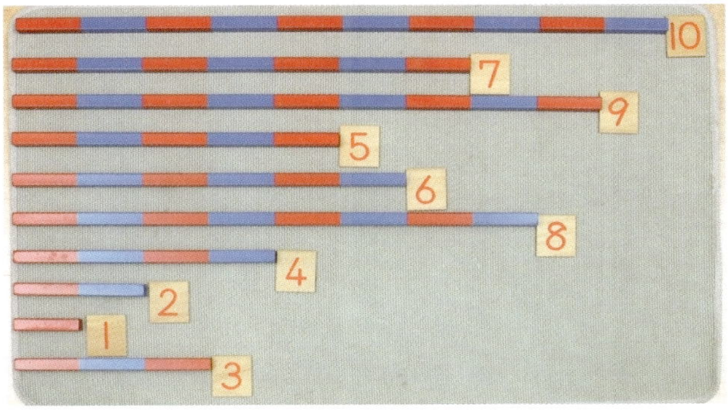

수 막대와 숫자 카드

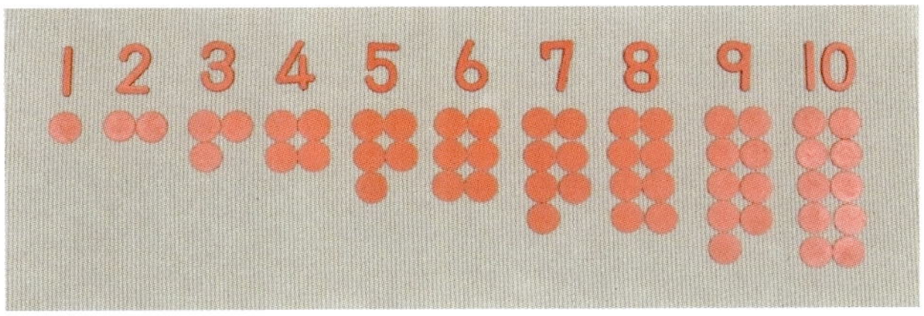

숫자와 바둑알

방추형 막대

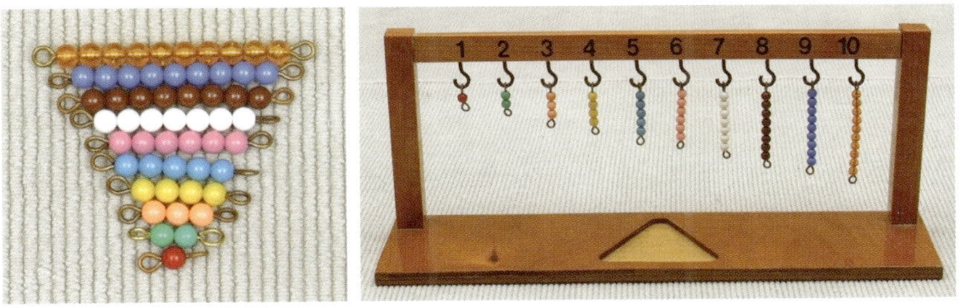

색구슬

출처: 한미몬테소리협회(2016). 몬테소리 수학 영역.

3 교과교재의 기초 이론

1) 데일(Dale)의 경험의 원추

| 그림 1-1 | 데일(Dale)의 교재교구를 활용한 학습 경험

Dale은 교재교구를 활용한 학습 경험의 종류를 구체성과 추상성 정도에 따라 분류하여 경험의 원추라는 형태로 제시하였다. 경험의 원추는 행동적 경험, 시청각적 경험, 상징적 경험의 세 가지 영역으로 나누어지며 각 영역과 관련된 하위 경험들로 구성된다(이대균, 송정원, 2000; 김정원, 김유정, 박현미, 2005).

(1) 행동적 경험

가) 직접 경험

구체적이고 실제적인 경험을 해 보는 것으로 모든 경험의 기초가 되며, 구체적인 사물을 가지고 상호 작용하는 경험이다.

나) 고안된 경험

실제 사물과 유사한 모형을 통한 경험으로 교육 활동의 목표에 필요한 경험만을 선택하여 제시하는데, 직접 경험하기에는 너무 커서 또는 직접 만질 수 없는 것일

때 유용하다. 예를 들어 지도, 지구본, 우리 몸 등의 모형을 활용하여 탐색하는 경험이 이에 속한다.

다) 극화 경험

어떤 상황을 극화하여 스스로 경험하는 것으로, 예를 들면 인형극이나 동화 구연 혹은 교실에서 소방서를 꾸미고 소방관이 되어 보는 경험을 하는 것이다.

(2) 시청각적 경험

가) 시범

사물과 현상에 대한 사실, 과정, 생각에 대한 행동을 수반하여 설명하는 것이며, 다른 교수매체와 달리 교사가 직접 참여하여 다른 교수매체를 함께 사용할 수 있다.

나) 견학

현장에서 직접 경험하는 것으로 주위 실생활을 그대로 보여 주는 장점이 있다.

다) 전시

벽, 테이블, 게시판, 바닥 전시를 통해 실물, 모형, 표본, 사건, 그림, 책 등의 전시물을 보여 준다. 전시물을 관람하면서 자신의 느낌, 견해를 정리 · 비교 · 평가의 경험을 할 수 있다. 시범, 견학이 동적 경험인 데 반해 전시는 정적 경험이라 할 수 있다.

라) 텔레비전

사물의 변화 과정이나 사건의 상황 전개를 생동감 있고 일목요연하게 전달하는 매체이며, 텔레비전을 통하여 현재 일어나는 상황을 생생하게 전달받는다. 감각적, 인상적, 구체적인 요소로 흥미를 유발한다.

마) 영화

텔레비전과 비슷한 효과가 있으며, 사건의 전개 과정을 조직화하여 제작할 수 있어 교사가 의도한 교육 목적에 가장 가까운 것을 선택하여 경험하게 한다.

바) 녹음, 라디오, 슬라이드, 사진, 그림

사진, 그림, 슬라이드는 동적인 요소와 청각적인 요소가 빠지고 시각적인 요소만 경험하는 데 비해 녹음, 라디오는 청각적인 요소만 경험한다. 감각적 요소가 줄면서 교수매체는 실제성이 줄고 추상성이 높아진다.

(3) 상징적 경험

가) 시각적 상징 매체

지표, 도표, 도해 등으로써 칠판, 차트, 책자 등으로 제시되는 시각적 상징 기호이다. 예를 들어 지도 방위 표시, 산과 강의 표시이며 →, +, −, =, √, Σ, ∞ 등이 있다. 학습자가 기호를 알지 못하면 상징 매체로써 활용할 수 없다.

나) 언어적 상징 매체

언어는 상징적, 추상적, 모든 사상과 감정을 표현할 수 있는 매체이고 책, 연필 등 구체적인 물체이며, 언어는 정의, 민주주의, 아름다움 등 추상적인 개념의 내용을 전달하는 가장 포괄적인 의사소통 매체이다.

Dale의 원추는 구체적인 것에서 가장 추상적인 경험에 이르기까지 순서대로 나열하고 있으나, 이 나열은 실제 수업에서 진행하는 순서를 나타내는 것은 아니며 어떤 경험이 다른 경험보다 교육적으로 더 유용하다고 볼 수 없다. 따라서 어떤 종류의 학습에 반드시 어떤 특정 종류의 한 매체만 활용하는 것을 암시하는 것은 아니며, 여러 가지 매체를 통합하여 활용하는 것이 바람직하다(제3장 〈그림 3-1〉참조).

2) 지각-선택적 주의 이론

지각이란 감각 기관이 받아들인 자료에서 의미 있는 정보를 추출해 내는 과정이고 감각에 의해 모아진 정보를 두뇌로 해석하는 과정이다. 주위 환경에서 오는 여러 자극을 감각 기관을 통해 받아들여 의미를 부여하는 과정이다.

주의란 인간은 다양한 감각 기관을 통해 들어오는 모든 정보를 다 처리할 수 없어서 보다 중요하다고 판단되는 정보에는 집중하고 상대적으로 덜 중요하다고 판단되는 정보는 무시한다. 즉 자극, 흥미, 목적, 기대 등에 영향을 받는 것이다. 주의라는 여과기를 통과한 정보에만 집중하고 상대적으로 덜 중요한 정보는 무시하는데 외부입력 자극 중 주의라는 에너지를 받은 자극만 계속 처리하고 그렇지 못한 자극들은 어렴풋이 또는 전혀 지각되지 않는다. 그것을 선택적 주의라고 한다.

| 그림 1-2 | **지각-선택적 주의 이론을 설명하는 착시 현상**

유아의 연령이 증가함에 따라 선택적 주의 집중 능력이 증가한다. 즉, 중요한 정보에는 주의를 집중하고 덜 중요한 정보는 무시하는 능력이 증가하는데, 그 특징을 정리하면 다음과 같다.

- 단순한 포착에서 적극적 탐색으로 변한다.

  초기에는 단순히 사물의 움직임을 따라 가거나 물체의 모서리를 보고 그 물체가 어디에 있는지 포착하며, 2개월 정도가 되면 자신의 의도에 따라 자신이 보고자 하는 사물에 주의를 집중시킬 수 있다.
- 비체계적 탐색에서 체계적 탐색으로 변화한다.

  영아는 사물이나 그림의 가장자리를 보고 전체를 파악할 수 있으며 2세 또는 5,6세까지 나타난다. 성장함에 따라 좀 더 조직적이고 체계적으로 주의 깊게 사물을 조사하게 된다.
- 정보를 점차 선택적으로 택하게 된다.

  연령이 증가하면서 복잡한 상황의 단일 측면에 주의를 기울이는 능력이 점차 발달한다. 예를 들면 소란스런 교실에서 교사의 목소리에 주의를 기울이기, 건널목에서 신호등에 주의를 기울이기, 여러 가지 블록이 들어 있는 바구니 안에 자기가 찾던 모양과 색깔의 블록 찾기 등이 있다. 즉, 연령이 증가하면서 복잡한 상황의 단일 측면에 주의를 기울이는 능력이 점차 발달하는 것이다.
- 무관한 자극을 무시할 수 있게 된다.

  여러 자극을 보거나 듣지만 필요한 자극에 주의를 기울이고 다른 무관한 자극은 무시하는 것을 의미한다. 교재교구를 제시하는 목적은 유아가 교재교구에 주의를 집중하여 의미를 찾도록 하는 것이다.

학습의 목적을 이루기 위해서는 유아가 학습 활동에 주의를 기울이고 학습 경험의 다양한 자극을 지각해야 하는데 이 과정에서 주의 집중의 정도는 자극물의 특성에 의해 영향을 받는다.

주의 집중에 영향을 미치는 객관적인 조건은 다음과 같다(정상녀 외, 2010).

- 강도가 있어야 한다. 강도란 자극의 강한 정도를 의미하는 것으로 소리의 강약, 색상이나 농도, 모양의 비범함, 근접 자극 등은 좀 더 강렬한 자극이 될

수 있다.

- 자극은 지속되어야 한다. 이는 자극의 강도를 결정짓는 외적 조건으로, 금방 사라지는 자극보다는 어느 정도의 시간 동안 지속되는 자극이어야 주의 집중을 시킬 수 있다.
- 자극을 반복시킨다. 반복의 횟수가 주의 집중의 조건이 될 수 있다. 한 번의 자극보다는 반복되는 자극이 주의를 더 끌 수 있다. 그러나 지나치게 반복될 경우 한 번의 자극이 되어 버릴 수 있다.
- 움직임도 중요하다. 정지된 자극보다는 움직이는 자극이 주의를 더 끌 수 있다.
- 자극의 크기도 의미가 있다. 작은 자극보다 큰 자극이 주의를 집중시키는 데 유리하다. 신문에서 큰 글자가 눈에 더 잘 들어오는 경우가 여기에 해당된다.
- 신기성도 필요하다. 평범한 자극보다는 신기한 자극에 더 주의를 기울이게 된다.
- 자극의 위치를 변화시킨다. 앞에 있는 자극이 옆이나 뒤에 있는 것보다 주의를 더 끌 수 있다.

한편 주의 집중에 영향을 미치는 주관적인 조건은 다음과 같다.

- 교육적 배경이 있어야 한다. 지금까지 학습하거나 경험한 것과 관련된 자극에 더 주의를 기울이게 된다.
- 직전 활동과 관련이 있다. 자극이 직전 학습과 관련된 경우에 더 생생하게 연결이 이루어져 주의를 집중하게 된다.
- 성취하고자 하는 목적과 관련된다. 유아가 이루고자 하는 목적과 관련될 때 자극에 더 주의를 집중하게 된다.
- 정서 상태와 관련된다. 어떤 대상을 애정으로 대하게 되면 그 대상에 대해 변함없이 호의적이듯이 유아의 정서 상태에 따라 주의가 좌우된다.
- 주변 유아의 태도에 의해 영향을 받는다. 즉, 주위에 있는 다른 사람들의 영

향으로 주의 정도가 달라질 수 있다. 타인과의 관계가 긴밀할수록 이러한 특성은 더욱 강하게 나타난다. 다른 유아가 주의를 기울이면 유아의 흥미도 유발될 수 있다.

이러한 주의 집중의 객관적 조건과 주관적 조건 이외에도 학습자의 발달적 특성은 주의 집중에 영향을 줄 수 있다. 즉, 유아의 연령이 증가함에 따라 과제에 대한 정보에 주의를 집중하며 과제와 무관한 정보에 대해서는 무시하는 능력이 증가하게 된다. 또 과제 관련 차원에서의 주의 집중의 경우, 과제의 특성이 주의 집중을 좌우하며 자극물의 수, 사물의 공간적 배열과 같은 변인이 주의 집중에 영향을 미친다. 그리고 유아의 주의 경향성을 고려하여 교재교구를 활용하는데, 자극을 지각적으로 강조하는 방법으로 유아의 주의를 유도하거나 통제할 수 있다. 다시 말해 유아 스스로 할 수 없는 것도 지각적 환경을 구조화시켜 주면 유아의 수행 능력이 향상될 수 있으므로 교과교재를 제작하고 제시할 때 지각의 선택적 주의의 발달적 특징과 발달 경향을 알고 이를 활용할 필요가 있다.

3) 브루너(Bruner)의 학습 준비성 관련 이론

Bruner는 학습의 준비성에 대해 설명하면서 어떤 교과든지 지적으로 적절한 양식으로 제시된다면 어떤 발달 단계에 있는 학습자라 하더라도 효과적으로 학습할 수 있다는 가설을 제시하였다. 이 가설에 의하면 학습자는 발달 단계에 따라 각각 다르게 지각한다. 즉, 학습자는 발달 단계에 따라 사물이나 현상의 구조를 알아가는 데 각기 다른 방식을 사용한다. 그러므로 효과적인 학습을 위해서는 학습자의 발달 단계에 따라 적절한 지각 양식에 맞게 학습 내용의 구조를 표현해 주어야 한다.

Bruner에 의하면 학습자는 발달 단계에 따라 다음의 세 가지 각기 다른 표상 양식을 사용하여 학습한다고 하였다(김유정, 김정원, 2012; 오연주 외, 2003).

- 행동적 표상: 학습자가 자신과 환경과의 직접적인 접촉 행위를 통하여 세상에 대한 지식을 획득해 가는 과정에서 사용하는 표상 양식
- 영상적 표상: 학습자가 학습 대상에 대한 정신적 이미지를 사용하여 세상을 알아 가는 과정에서 사용하는 표상 양식
- 상징적 표상: 대상이나 경험을 단순히 영상화하는 데서 벗어나 학습자가 사고 과정에서 조작이 가능한 상징적 체계를 사용함으로써 학습의 과정에서 가장 효과적으로 활용될 수 있는 표상 양식

이러한 표상 양식은 행동적 표상에서 상징적 표상으로 발달하며 상징적 표상으로 갈수록 추상성이 높아진다. 따라서 유아기에는 상징적 표상보다 행동적 표상이나 영상적 표상을 통해 구체적인 학습 경험을 제시하는 것이 바람직하며(김유정, 김정원, 2012), 학습의 준비성과 관련하여 어떤 교과든지 지적으로 올바른 양식으로 표현한다면 어떤 발달 단계에 있는 어린이도 효과적으로 가르칠 수 있다는 것이다.

4) 의사소통 이론

의사소통이란 사람들 간에 지식이나 의견, 감정 등의 정보를 교환하는 것을 뜻한다. 의사소통을 통해 유아는 새로운 지식을 얻기도 하고 자신의 생각이나 행동을 변화시키기도 한다. 학습은 교사와 유아, 유아와 유아, 그리고 유아와 교재교구와의 상호 작용, 즉 의사소통 과정 속에서 이루어진다. 의사소통 체제의 구성요소는 송신자, 메시지, 채널, 수신자, 그리고 피드백으로 이들의 상호 작용 속에서 메시지의 해석이 이루어진다.

의사소통은 송신자(교사)가 정보의 형태를 띤 메시지(학습 내용)를 그림이나 사진, 슬라이드, 녹화 자료 등과 같은 송신 형태로 기호화하여 그림책, 유선 방송, 공중파 방송 등의 채널을 통해 수신자(유아)에게 전달하면 그 메시지는 수신자의

감각 기관인 눈, 코, 귀 또는 말초 감각 신경에 도달하게 되고, 뇌 속의 수신 장치는 이를 해독하게 된다. 그 다음 수신자의 언어(질문, 대답), 웃음이나 몸짓 등으로 반응이 나타나게 되는데 이러한 과정이 반복되면서 의사소통이 이루어진다.

의사소통 과정을 설명하면 다음과 같다(김정규, 이광자, 조정숙, 2010).

(1) 송신자

메시지를 만들어 수신자에게 보내는 사람을 말한다. 교실에서는 주로 교사, 유아, 또는 교재교구가 여기에 해당한다. 송신자는 수신자가 이해하기 쉽고 질 높은 메시지를 보내기 위해 수신자의 연령, 지적 수준, 어휘력, 흥미, 적성 등을 파악하여 메시지의 내용을 선정한 후 그 특성을 고려하여 적합한 매체를 선정한다. 그 다음 선정된 매체를 전달하기 위한 적절한 시기와 방식을 선택하고, 메시지에 대한 수신자의 반응을 파악하여 이에 대응해야 한다.

(2) 메시지

메시지는 송신자에 의해 만들어진 정보로 교실에서는 학습 내용 또는 수신자에게 전달되는 자극을 의미한다.

(3) 채널

채널은 송신자가 기호화된 메시지를 수신자에게 전달해 주는 것으로 주로 하드웨어가 채널이 되며 유선 방송, 공중파 방송 등의 빛이나 음파가 이에 속한다. 교실에서는 시청각 매체를 통하여 메시지를 전달한다.

(4) 수신자

수신자는 메시지를 받아 해독하는 역할을 한다. 수신자(유아)는 눈, 코, 귀, 그리고 말초 감각 신경에 의해 메시지를 전달받은 후 이를 해독, 평가하여 받아들일 것은 받아들이고 재생시킬 것은 재생시켜 송신자에게 반응함으로써 수신자의 역할에만 머물지 않고 송신자의 역할도 동시에 수행한다.

(5) 피드백

피드백은 송신과 수신의 반복적인 과정을 통해 문제가 되는 점을 알아내고 이를 수정 · 보완하여 의사소통이 지속적으로 정확하고 원활하게 이루어지도록 하기 위한 요소이다. 피드백은 메시지에 대한 수신자의 반응을 송신자가 정확히 파악할 수 있도록 도와준다. 교사는 교재교구의 활용 과정에서 발생하는 문제를 비롯하여 메시지에 대한 피드백도 철저히 해야 한다.

이 밖에 의사소통 과정에서 메시지의 전달을 왜곡하거나 방해하는 것으로 소음요인이 있다. 즉, 소음은 의사소통의 성패에 가장 큰 영향을 줄 수 있는데, 이러한 소음에는 물리적 소음과 심리적 소음이 있다.

물리적 소음은 주로 환경적인 것으로 햇빛 때문에 지나치게 밝은 교실, 교실 주변의 소란스러움, 교수매체의 기계적 상태 문제(예: 선명하지 않거나 흔들리는 TV 화면) 등을 의미한다.

심리적 소음에는 유아의 지적 수준에 적절하지 않은 메시지의 내용, 교사의 어려운 어휘 사용이나 적절하지 않은 교재교구의 선택, 그리고 과거에 갈등을 일으켰던 경험 등이 있다.

이러한 모든 소음은 메시지 전달 정도를 약화시키거나 가리는 요소이므로 극복되어야 할 장애로 인식되어야 한다. 그러나 때로는 소음을 피할 수 없기 때문에 교사는 메시지를 전달할 때 내용을 반복적으로 제시하거나 언어 대신 시각적 자료를 제시하는 등의 방법을 사용하여, 교수학습 과정에서 발생하는 소음의 영향을 최소화하기 위해 노력해야 한다(김정규, 이광자, 조정숙, 2010).

제 2 장

교수학습 방법과 교과교재 연구

1 교수학습 방법과 교과교재와의 관계

교수학습 방법은 학습자가 교육 목표를 성취할 수 있도록 도와주는 다양한 전략을 의미하는데, 여러 가지 교수 조건과 상황을 기초로 목표한 학습 결과에 이르기 위한 효율적이고 효과적인 방법들을 지칭한다.

영유아를 위한 교육 활동을 진행해 나갈 때 가장 효율적인 교수학습 방법이 무엇인가에 대해서는 한마디로 정의할 수가 없다. 왜냐하면 발달 이론에 근거한 교사의 역할과 교육 목표를 성취하는데 적합한 환경 구성 및 집단 크기 조절, 교육내용을 적절하게 전달해 줄 수 있는 교과교재 선정, 학습자의 연령과 준비도에 근거해서 선정된 교수 전략 등이 골고루 교수 방법 선택에 영향을 미치기 때문이다.

따라서 교사는 이러한 여러 가지의 다양한 요인을 가장 효율적으로 만족시킬 수 있도록 교육적 신념에 근거하여 환경을 구성하고 집단 크기를 조절하며 적합한 교과교재를 준비하여 학습자의 수준에 알맞은 교수 전략을 구사해야 한다.

그중에서, 영유아를 교육하는 데 있어서 발달적으로 적절한 교과교재를 선정하여 제작하고 활용할 수 있는 능력은 교사의 교수 방법을 더욱 효율적으로 향상시켜 줄 수 있는 교육 자원이다. 영유아의 발달 수준에 적합한 교과교재는 그 자체로도 영유아의 호기심과 탐색 활동을 이끌어 학습을 유도할 수 있으며, 교사의 교수 방법을 한층 효율적으로 향상시키고 반복 학습과 심화 학습을 가능하게 해 주는 전략적 매개체인 것이다.

전통적 교육 방법에서는 학습자의 능력, 필요, 관심에 관계없이 특정한 교재 즉 교과서를 제시하여 일률적으로 암기하거나 연습하도록 주입하는 방법을 사용하였다. 즉, 교사가 교사용 자료인 교과서를 이용하여 뜻을 설명하고, 반복해서 기억시킴으로써 지식과 기술을 가르쳐 왔다. 그 결과 교과서는 유일한 교수 자료, 유일한 교과교재로 인식되어 왔다.

하지만 최근에는 교과서 외의 서적 및 각종 출판물이 많이 발간되어 문자에 의한 인쇄 매체 자원이 풍부해졌으며, 녹음기와 오디오 등의 음성 매체, 라디오와 TV 등의 방송 매체, 영화 및 컴퓨터까지의 첨단 매체들이 계속 개발되어 교사들도 다양한 매체를 통한 더욱 풍부한 지식과 기술의 자원을 활용할 수 있게 되었다.

더구나 학습자들도 지식과 기술을 획득하기 위해서 교사나 교과서 이외에 다양한 매체를 통하여 필요에 따라 자유롭게 교육 자료에 접근할 수 있게 되었으므로 교사는 학습자의 흥미, 발달 수준, 능력을 고려하여 학습자에게 가장 적절하다고 판단되는 교과교재를 제공함으로써 학습의 효과가 극대화될 수 있도록 교수 방법 선정에 만전을 기해야 한다.

바람직한 교수학습 방법은 어느 한 가지 요인으로 결정되는 것이 아니라, 학습자, 교사, 교과교재, 그 외의 환경적 조건의 다양성을 기초로 하여 선택되어야 하고 이러한 여러 요소를 복합적으로 고려하여 선정되어야 한다. 따라서 교사는 다양한 교수학습 방법을 활용할 수 있는 기초적 지식과 교육 경험, 적절한 능력을 갖추어야 현장에서 획일적인 교수 방법이 아닌 더욱 풍부하고 복합적인 교수 전략을 제시할 수 있다. 더불어 영유아의 특성을 고려하여 선택한 교사의 교수학습 방법이 효율성을 발휘할 수 있도록 환경을 구성하고 교과교재를 선정, 제작, 활용하는 전문가적 능력을 신장시켜 나가야 한다.

교육의 목표와 내용의 연계선상에서 '어떻게' 가르칠 것인가의 방법론적 문제를 염두에 두고서 영유아의 전인적 발달도 도모할 수 있도록 교수학습 방법을 인식해야 한다.

2 교수학습 방법의 개념 및 원리

1) 교수학습 방법의 개념

교육에서의 방법은 학습자들이 교육 목표를 달성하고 내용을 학습할 수 있도록 선정된 수업 과정을 말하며, 교수학습 방법뿐만 아니라 교육 과정과 평가를 포함하는 개념이다. 이러한 맥락에서 볼 때, 교수학습 방법은 교육 방법의 일부분으로서, 교육 내용을 선정하여 교육 목표를 효과적으로 달성할 수 있게 도와주는 수단이라고 할 수 있다.

가르치는 행위를 '교수(instruction)' 라고 할 때 배우는 것은 '학습(learning)' 이라고 일컬어진다. 좁은 의미에서 교수는 '학문이나 기술을 가르치는 행위' 를 말하며, 넓은 의미에서는 '교사가 의도적으로 계획한 교육적 활동' 을 의미한다. 따라서 '교수' 란 용어는 학습자의 흥미와 성취 욕구를 유발시켜 교육 목표를 달성하기 위한 수단이며, 교사의 의도적인 교육적 행위와 활동 및 우연적인 경험을 통한 활동을 모두 포함하는 개념이라고 할 수 있다.

'학습' 의 의미는 환경으로부터 얻어진 경험의 계속적인 결과로 인하여 개인의 지식, 행동 또는 태도가 비교적 지속적으로 변화되는 것을 의미한다. 이러한 변화는 장기적이며 변화의 대상은 학습자의 지식 구조 또는 행동이고, 그 변화는 학습자의 환경으로부터 얻는 경험을 말한다.

전통적 교육에서의 교육 방법은 영유아들의 흥미나 필요 또는 능력의 유무에 관계없이 과제를 제시하거나 연습을 강요하는 방법을 사용하였다. 교수 방법도 주로 교사가 일방적으로 가르치는 활동이 주가 되는 강의, 시범, 연습, 설명 등을 지도법으로 사용하였다. 그러나 최근에는 점차 교수법이 개선되어 영유아의 능력과 욕구에 적절한 교재를 선택하여 영유아의 자발적인 학습 활동에 호소하고 영유아-교사, 영유아-영유아, 영유아-교구의 구체적인 상호 작용을 통하여 배우는 경험 학습을 강조하는 방향으로 발전하고 있다. 따라서 학습 방법도 점차 문답, 관찰을 통한 발견, 협동을 통한 문제 해결, 토의 활동 등으로 다양화되고 있다. 즉, 교수학습이 별개의 개념이 아니라 교사의 지도 아래 영유아가 일정한 교육 내용을 습득해 가는 통합적 의미의 '교수학습의 과정'으로 진전되어 가고 있다.

이와 같이 볼 때, 현대에 와서 교수와 학습을 분리하여 생각하는 것은 큰 의미가 없다. 어떤 목적으로 누가, 누구에게, 무엇을, 어떤 조건이나 환경에서 어떻게 가르치고 배우느냐 하는 교육의 전체 과정에서 학습 목표 달성을 위해 다루어져야 할 문제인 '어떻게'에 해당하는 것이 교수학습 방법이라고 할 수 있을 것이다.

2) 교수학습 방법의 원리

영유아 발달 특성에 적절한 교수학습의 원리는 다음과 같다.

(1) 놀이 중심의 원리

놀이 중심의 원리는 다음과 같은 놀이의 특성에 비추어 볼 때 영유아가 자발적이고 능동적으로 놀이에 참여하여 놀이 활동을 즐길 때 효율적으로 학습이 일어날 수 있다는 가정에서 비롯된다.

- 영유아의 효과적인 학습은 학습자의 자발적인 동기를 전제로 한다. 즉, 강요에 의한 학습보다 배우고자 하는 자발적 동기에 의한 학습이 효과적임을 뜻

한다. 그런데 놀이도 유아의 자발적인 욕구에 의한 행동이기 때문에 효과적인 학습의 기본 조건이 갖춰져 있다고 하겠다.

- 영유아는 놀이를 하면서 적극적으로 탐색하고 선택, 결정하며 주변의 인적 · 물적 환경과 다양한 상호 작용을 한다. 이러한 적극적인 참여를 통해 학습의 효과를 높이고 폭넓은 학습 기회를 가질 수 있다.
- 놀이에서는 사건이나 행동이 반복되는 경향이 있어서 경험이 심화되고 확대되어 학습 효과를 높일 수 있다.
- 영유아들에게는 구체적인 경험을 통한 학습이 효과적인데, 이러한 학습 원리가 놀이 중에 가장 이상적으로 실현될 수 있다.
- 놀이의 자유롭고 융통적이며 자기 선택적인 요소로 인해서 영유아의 자기 발견적 학습이 촉진될 수 있다(이숙재, 2001). 즉, 영유아는 자발적으로 놀이에 참여하고 놀이 활동을 즐기며 놀이 활동을 하는 동안 기능을 숙련하고 경험을 확장시키며 새로운 도전을 하게 되어 결과적으로 전인적이고 통합적인 발달을 이루게 된다. 따라서 교사는 발달적으로 적절하고 다양한 놀잇감과 교재교구를 지속적으로 제공해 주어 영유아가 능동적으로 놀이를 주도해 갈 수 있도록 격려해야 한다.

(2) 개별화의 원리

영유아는 발달 속도, 지적 능력, 성격, 가치, 태도 등의 다양한 측면에서 각기 차이가 있다. 이러한 개별 영유아의 독특한 요구와 발달적 특성을 개인차라고 하며, 다음과 같은 측면에서 개인차가 나타날 수 있다.

- 영유아는 학습의 기능이 서로 다르다.
- 영유아는 서로 다른 학습의 속도를 보인다.
- 영유아는 서로 다른 흥미를 가지고 있다.

- 영유아는 똑같은 방법으로 문제를 해결하지 않는다.
- 영유아는 서로 다른 학습 동기를 가지고 있다.
- 영유아는 특정 시점에서 동일한 학습 능력과 학습 준비도를 가지고 있지 않다.

이러한 개인차를 최대한 고려하여 교수 활동을 수행하는 것을 개별화 교수학습 원리라고 할 수 있다. 즉, 개별화 원리는 영유아의 발달 상태나 능력에 개인차가 있기 때문에 영유아의 개성을 존중하면서 학습 내용이나 가르치는 방법을 교사의 안내에 따라 영유아가 스스로 해 나가는 활동 방법을 지칭한다.

개별화 교육은 개인차를 고려한 가장 이상적인 방법이지만 교사 대 유아의 비율이 높은 영유아교육 현장에서는 이를 실천하는 데 여러 가지 어려움이 따른다. 이에 따라 수준별 교육 과정이 대안으로 떠오르게 되었는데, 이는 한 연령 내에서 개인 간 차이와 한 개인의 발달 영역별 발달 속도 차이인 개인 내 차이, 그리고 지역 간 다양한 배경에 따른 사회 문화적 차이를 모두 고려해야 한다는 의미이다.

또한 교사는 영유아의 특성에 따라 교재교구를 다양한 수준별로 준비하여 영유아의 능력에 맞게 활용하고 모든 교육 활동에서 집단의 규모를 융통성 있게 조절하여 개인적 특성을 고려할 수 있도록 배려해야 할 것이다.

(3) 다양성의 원리

다양한 흥미와 능력을 가진 영유아들에게 개인차를 고려한 효과적인 교수학습이 이루어지게 하기 위해서는 다양한 교수학습 환경을 제공하는 것이 필요하다.

현대의 영유아들은 과거에 비해 더 풍부한 경험을 많이 하고 있는데 이로 인해 오히려 개인차가 커질 수 있으므로 영유아의 연령뿐만 아니라 흥미와 능력에 따라 더욱 다양한 교육 환경, 즉 다양한 수준의 교재교구 및 놀잇감을 제공해 주는 것과 여러 방면의 교수 전략을 활용하는 것이 중요해지고 있다.

NAEYC(미국유아교육협회)는 다음과 같은 사항을 제안하고 있다.

- 영유아들이 선택할 수 있는 다양한 수준의 활동과 교재교구를 준비한다.
- 소집단 활동이나 개별 활동에 참여하도록 영유아에게 선택권을 준다.
- 스스로 쉽게 활동을 선택할 수 없는 영유아를 도와준다.
- 자기 스스로 선택한 활동을 통해서 영유아가 주도하고 실험해 보는 경험을 하게 한다.

(4) 통합성의 원리

영유아 개개인의 전인적 발달을 위하여 전인교육이 이루어져야 함은 당연한 사실이다. 이를 위해 신체, 사회, 정서, 언어, 인지 등의 발달 영역들 간의 조화, 활동 영역 간의 연계, 교육 내용들 간의 연결 속에서 통합성이 유지될 수 있도록 교수학습 활동이 계획되어야 한다.

교과목을 중심으로 학습 경험을 구성하기보다는 한 주제를 중심으로 학습 경험을 구성할 때 더욱 생산적으로 통합된 교육 과정을 조직할 수 있으므로 활동이 더 활발히 이루어질 수 있다. 이 경우에 주제의 탐색이 더욱 능동적으로 이루어질 수 있으므로 특히 어린 영유아에게는 통합교육을 실시하는 것이 더 중요하게 인식되고 있다. 따라서 한 주제를 중심으로 학습 경험을 조직할 때 그 주제를 여러 측면에서 다양한 방식으로 학습하기 위해서는 특정한 한 가지의 영역 중심이 아니라 영역들 간의 통합된 활동으로 접근해야 한다.

다음 〈그림 2-1〉은 '봄' 이라는 주제 아래, 소주제로 봄에 관한 학습 내용 영역을 제시해 본 만 3세반 월간 계획안이다.

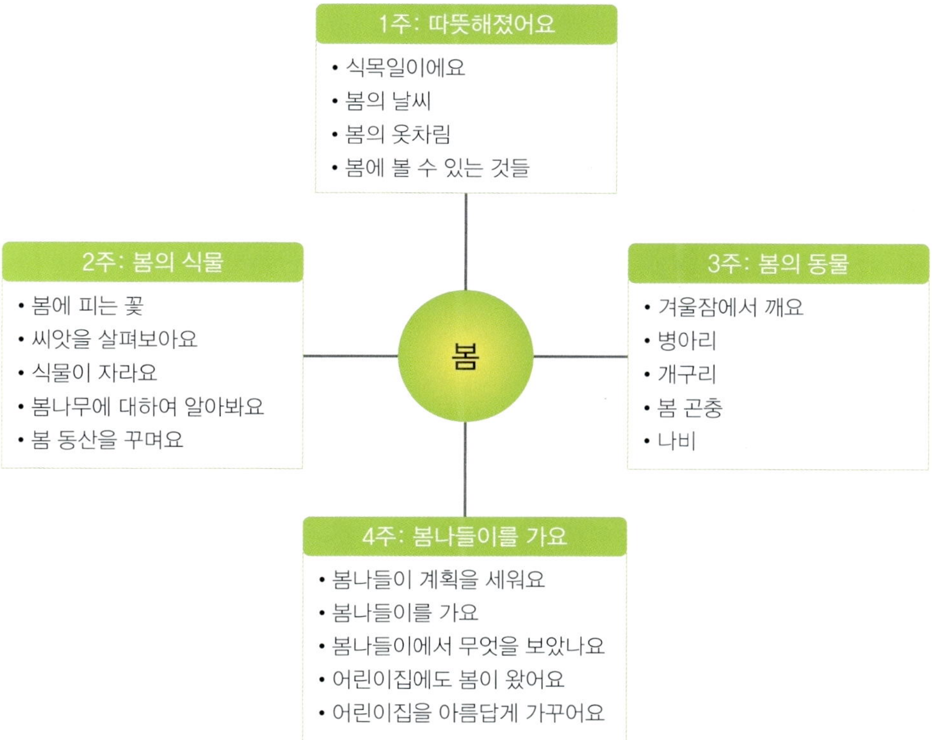

| 그림 2-1 | **만 3세반 4월 주제와 학습 내용**

출처: 중곡1동 어린이집 보고서. 재구성.

(5) 구체성의 원리

영유아는 구체적인 것부터 학습하기 시작하여 점차 추상적인 것으로 학습을 진전시킨다. 구체성이란 눈에 보이는 사물과 사건을 뜻하므로, 유아의 학습을 위해 제공되는 활동과 교구는 만지고 조작할 수 있는 실물이 효과적이다. 영유아는 구체적인 사물을 가지고 충분히 조작하여 학습이 이루어진 후에야 비로소 추상적이고 상징적인 학습으로 발전시켜 나갈 수 있다.

NAEYC는 유아를 위한 교수학습 전략으로서 유아의 구체적 조작 없이 워크북,

시험지, 색칠 공부, 미술 활동에 있어 성인이 만든 모델을 모방하게 하는 것은 6세 이전의 유아에게는 적합하지 않다고 지적한다.

따라서 영유아를 위한 학습 활동과 교재교구는 구체적이고 실제적이어야 하며, 유아의 생활과 관련된 생활 중심적인 것이어야 한다. 즉, 매일의 생활 속에서 일어나는 일상적 경험으로부터 실제적으로 학습이 시작되는 것이 더욱 효과적이며, 이 원리에 근거하여 제시된 Olsen의 효율적인 학습 방법은 다음과 같다.

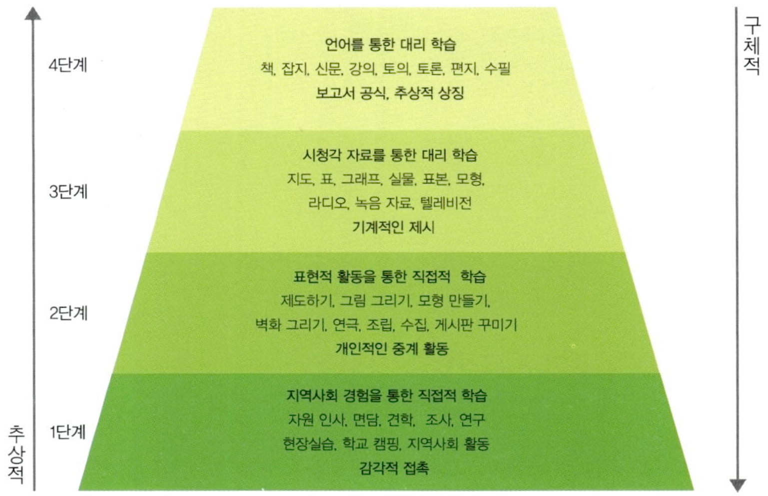

| 그림 2-2 | 올슨(Olsen)에 의한 학습 방법

출처: 전선영 외(2002). p. 272.

3 교수학습 방법의 분류 및 유형

1) 교수학습 방법의 분류

(1) 발달 이론에 근거한 분류

발달 이론에 근거하여 교사가 갖는 교육 신념에 따라 교사의 교수 전략은 영향을 받게 된다.

가) 성숙주의

성숙주의 입장을 갖고 있는 교사는 영유아의 준비도와 흥미에 따라 교육적 경험을 제공하고 안내해 주는 역할을 하게 된다.

따라서 교사의 계획적이고 의도적인 교육 활동은 최소화되고 영유아 중심의, 즉 학습자 중심의 교육 환경을 구성하고 교재교구를 선정하여 영유아의 발달 수준에 적절하게 준비해 주고 안정된 환경을 만들어 주는 역할을 하게 된다. 더불어 영유아의 발달 수준에 기초하여 보다 성숙된 발달을 이끌어 갈 수 있도록 심화된 경험과 다른 분야의 경험으로 안내해 주는 역할을 하게 된다.

나) 행동주의

행동주의 입장을 갖고 있는 교사는 외부에서 이미 형성되어 있는 지식과 기술을 가르치고 전달해 주는 지식 전달자의 역할을 하게 된다.

영유아에게 새로운 지식과 기술을 학습시키기 위해 교사가 언어적으로 직접 지도하고 반복과 연습 과정을 통해서 강화시키며 모델을 보여 주고 시범을 보여 주는 교사의 계획적이고 의도적인 교수학습 방법을 강조하게 된다.

따라서 미리 짜여진 교육 과정 안에서 교육 목표를 달성하기 위해 교사가 주도적이고 지시적인 방법으로 지식을 가르치는 역할과 전달하는 역할을 하게 된다.

다) 구성주의

구성주의 입장을 갖고 있는 교사는 영유아의 발달을 증진시키기 위해 영유아에게 다양한 활동을 제공하며, 영유아와 언제, 어느 상황에서 어떤 유형으로 개입할 것인지를 결정하고 상호 작용하는 역할을 하게 된다.

교사는 영유아가 환경과 능동적으로 상호 작용할 수 있도록 풍부한 환경과 다양한 교재교구를 준비해 주고 영유아의 현재 발달 수준과 잠재적 발달 수준을 파악하여 적절하게 발달을 이끌어 줄 수 있도록 지원하고 지지하며 비계를 설정해 주는 교수 방법을 활용한다.

따라서 교사의 주된 역할은 영유아가 능동적으로 환경과 상호 작용하면서 지식을 구성해 갈 수 있도록 영유아에게 적절한 환경과 교재교구를 통한 풍부한 경험을 제공하고 발달 수준에 적합한 지원과 지지를 통한 상호 작용을 하는 것이다.

(2) 학습 주체에 의한 분류

교사와 학습자가 상호 작용하여 교수학습이 이루어지는 과정에서 어떤 주체가 주도적 역할을 하느냐에 따라 교사 중심 교수 방법과 학습자 중심의 교수 방법으로 나누어 볼 수 있다.

두 가지 교수 방법의 장 · 단점을 잘 파악한 후 각각의 학습 상황에 적절한 교수 방법을 선정하여 실행하여야 한다.

가) 교사 중심 교수 방법

교사 중심 교수 방법은 교사가 주도적으로 학습자들에게 교수 내용을 전달하고 영유아는 수동적으로 학습에 임하는 수용자 역할을 하게 되는 과정이다. 교사가 중심이 되어 진행되는 이 교수학습 과정에서는 학습자인 영유아 개개인의 특수성, 여건, 개인차가 고려되기는 어렵다.

이 방법의 장점은 다음과 같다.

- 정해진 계획표에 따라 비교적 제한된 시간 안에 지도할 수 있다.
- 많은 학습자를 동시에 편리하게 지도할 수 있다.
- 사회적 지식에 해당하는 지식, 개념 전달을 용이하게 할 수 있다.

이 방법의 단점은 다음과 같다.

- 영유아 개인의 흥미, 발달 수준 등의 개인차를 고려하기 어렵다.
- 교사의 계획에 따라 일방적으로 주입식 교육이 이루어지므로 학습자 스스로의 능동적인 참여가 어렵다.
- 교사 중심의 교육 활동이 이루어지므로 교사의 신념, 기술, 흥미, 성격에 의해 영유아의 학습 성취도가 결정적으로 영향을 받는다. 즉, 교수학습 상황이 교사의 자질과 능력에 지나치게 의존하게 될 수 있다.

나) 학습자 중심 교수 방법

학습자 중심의 교수 방법에서는 영유아가 학습 상황을 스스로 주도해 나갈 수 있으며, 각 개인의 흥미, 사고, 감정, 생활 습관 등에 따라 자신의 학습 스타일에 맞추어 상당히 융통성 있는 학습을 이끌어 갈 수 있다. 교사는 이러한 영유아의 개인차를 인정하고 수용해 준다.

영유아 주도의 교수 방법에서는 학습의 주체로서 영유아의 개인성을 인정하며 교사가 영유아의 학습을 도와주고, 영유아의 학습 상황을 통제하기보다는 필요할 때 상호 작용을 통한 보조적 역할을 수행하게 된다.

이 방법의 장점은 다음과 같다.

- 영유아의 관심, 능력, 요구 등의 개인차를 고려하므로 학습자의 특성을 인정하고 수용할 수 있다.

- 영유아 스스로 자신의 학습을 이끌어 갈 수 있으므로 능동적 참여가 가능하며 따라서 학습의 동기를 높일 수 있다.
- 교사에게 전적으로 의존하지 않고 서로 다른 배경과 능력을 가진 각 개별 영유아에게 적합하도록 다양한 교재교구를 활용하여 학습의 효율성을 높일 수 있다.

이 방법의 단점은 다음과 같다.

- 영유아가 학습 의욕을 가지고 각자의 시간표대로 스스로 발견해 가면서 활동하는 데 많은 시간과 노력이 소요될 수 있다.
- 각 개인에게 적합한 다양한 교재교구가 충분히 구비되어 있지 않으면 효과적인 학습을 기대하기 어렵다.
- 현실적으로 교사가 많은 영유아를 대상으로 영유아 개개인을 관찰하고 그에 알맞은 학습 동기를 불러일으켜 학습자 스스로 능동적 참여를 이끌어 가기에는 어려움이 따른다.

(3) 집단 규모에 따른 분류

영유아에게 교육 활동을 제공할 때 교육 목표 및 활동의 유형들을 고려하여 학습 경험의 형태를 결정해야 하는데, 이때 학습 집단의 크기도 교수 방법에 따라 다양화된다.

가) 대집단 교수 방법

대집단 교수 방법은 보통 한 학급을 기준으로 할 때 한 학급 이상이 되는 집단 크기를 대상으로 실시하는 교수 방법이다.

정해진 시간에 많은 지식을 동시에 전달하기에 가장 좋은 방법이며, 교사가 수업 시간, 활동량 등을 주도적으로 결정하는 교사 중심의 교수 방법으로 진행된다.

주로 지식과 기술 등을 교사의 능력과 전략에 의해 전달하고 학습자는 수동적으로 주입받게 된다. 따라서 교사의 전달 능력, 특히 언어 능력인 강의를 중심으로 학습이 이루어지므로 교사 의존도가 높은 교수 방법이다.

나) 소집단 교수 방법

소집단 교수 방법은 학급 내에서 몇 개의 작은 집단으로 나뉘어 활동이 진행되는 집단 형태의 교수법으로 구성원 간의 상호 작용이 더욱 활발히 이루어진다. 대집단 교수법보다 비교적 교사가 개인별 지도와 수준별 지도를 용이하게 할 수 있는 교수 방법이다.

교사 중심의 소집단 활동은 교사에 의해 더욱 체계적이고 조직적인 활동이 이루어질 수 있다는 특징이 있으나, 이때 교사는 활동 주제와 영유아의 발달 수준, 흥미도 등을 고려하여 소집단을 효율적으로 구성하고 이끌어가는 역할을 필수적으로 수행해야 한다.

영유아 중심의 소집단 활동에서는 교사가 동등한 구성원의 자격을 유지하면서 영유아 중심의 집단 구성을 비교적 자유롭고 비조직적으로 만들게 된다. 이때에는 교사가 통제자의 역할보다는 안내하고 조정해 주는 보조적인 위치에 서게 된다.

이러한 소집단 교수 방법들에서는 교사의 주도적인 역할보다 영유아들 간의 능동적 참여를 통한 상호 작용을 중요시하게 되며, 따라서 집단 내 역학 관계에 의한 상호 작용을 통해 학습이 이루어지게 되는 특징이 있다.

다) 개별 교수 방법

학습자의 개인차를 인정하면서 학습자가 학습의 주도권을 갖는 교수 방법이다. 영유아의 서로 다른 발달 수준과 심리적 특성을 고려하여 개인차를 수용하는 지도가 가능하므로 각 개인에게는 최적의 교수 방법이 될 수 있다.

다만 현실적으로 교사 대 영유아 비율이 높은 상황에서 이상적인 개별 교수 방법이 이루어지기는 힘든 여건이므로 교사의 유연한 대처가 필요하다. 집단 규모를 세분화한다든가, 교재교구의 다양화를 통한 개별적 학습을 유도한다든가, 수준별 활동을 고안하여 제공한다든가 하는 교사의 시간 투자와 노력이 필수적이며 개별 교수 시 부족할 수 있는 또래 영유아와의 상호 작용을 격려하는 것도 개별 교수 방법을 효과적으로 뒷받침하는 좋은 전략이 될 수 있다.

2) 교수학습 방법의 유형

교수학습 방법의 유형은 학자들에 따라 다양하게 구분하는데, Eggen과 Kauchak(1996)의 분류를 기준으로 하여 영유아교육 현장에서 비교적 활용도가 높은 교수학습 방법은 다음과 같이 제시할 수 있겠다.

(1) 탐구-발견 학습

탐구 학습(inquiry learning)은 영유아 자신의 능동적인 탐구 행위를 통하여 문제를 해결하고 주제를 학습하는 수업 형태이며, 발견 학습(discovery learning)은 학습자가 스스로 발견하도록 격려하는 데 목적이 있는 학습 방법이다.

탐구 학습의 역사는 Platon의 대화편 『메논(*Memon*)』에 Socrates식 기하학 탐구 학습이 기원이 되어 온 이후 Piaget, Taba, Bruner 등에 의해 계속 발전되어 왔다. 탐구나 발견은 학습자들이 연구 문제를 놓고 문제를 해결해 나가는 과정이며 '학습자의 능동적 참여'를 강조한다는 점에서 공통점이 있으나, 탐구는 '과정'에, 발견은 '결과'에 초점을 둔다는 점에서 차이가 있다고 주장하는 학자도 있다(임병덕, 1998).

탐구 학습이나 발견 학습의 방법들은 학습자가 교육 활동에서 구체적 역할을 하게 됨으로써 영유아의 흥미, 관심, 호기심, 내적 동기 부여에 근거하여 적극적으로 활동 속으로 몰입하는 것이 가능하다(이성호, 1999). 교사가 언어적으로 설명하거나 결론을 가르쳐 주는 것이 아니라 영유아가 자신의 시각으로 현상과 세계를 보는 것을 전제하게 되고 따라서 활동 과정에서 교사의 사고, 언어, 표현을 점차 축

소시켜 나가고, 영유아가 자신의 사고, 언어, 표현을 계속 증대시켜 나가는 방법이다.

탐구-발견 학습을 촉진시키기 위한 교사의 역할은 다음과 같다.

- 영유아 발달 수준에 맞는 풍부한 교재교구를 제공하여 능동적이고 적극적인 탐구와 발견이 이루어지도록 선택과 탐색의 기회를 다양하게 제시한다.
- 교사와 영유아, 영유아와 영유아, 영유아와 교구와의 조작이나 상호 작용이 질적으로 높은 수준에서 진행되도록 영유아의 발달 수준과 교재교구와의 수준이 일치되어야 하며 발달 단계별로 연속선상에서 지속성 있게 제공되어야 한다.
- 영유아로 하여금 '알고 싶은 것에 대한' 동경을 일깨우도록 하며, 탐색과 발견을 위해 사고할 수 있도록 하는 질문을 만들어야 한다. 이때는 수렴적 질문뿐 아니라 발산적, 개방적 질문을 상황에 적절하게 제시해야 한다.

(2) 개념 학습법

개념 학습법은 Bruner의 연구에 기초하여 Weil이 처음 제시한 방법으로서 귀납적 교수법의 하나이다.

개념 학습이란 어떤 사물이나 사태 등을 유목화시킬 수 있거나 같은 유목에 포함되는 것을 알고 그 유목을 지적할 수 있는 것을 말한다. 개념 학습 방법은 개념 학습을 위해 주위 환경으로부터 지각하고 받아들이게 되는 자극, 사건, 경험, 정보 등을 처리하고 분류하고 변별할 수 있는 기능을 개발시켜 주는 것이다.

개념 학습이 일어나기 위해서는 영유아의 일정한 지식 구조가 바탕을 이루고 있어야 하며, 그 위에 교사의 새로운 학습 교재 제시와 풍부한 정보 제공이 이루어져야 한다. 그렇게 함으로써 영유아가 자신의 기존 지식 구조와 새로운 자극을 관련지으면서 더욱 심화된 원리와 법칙을 발견하고, 새 지식 구조로 발전시켜 나갈 수 있다.

이 방법은 특정 개념에 대한 영유아의 사전 경험과 기초적인 배경을 출발점으로 하고 있으므로 학습 과정의 초기 단계에서보다는 기존에 이미 지니고 있는 개념적 이해를 심화시키는 데 더욱 효과적인 방법이라고 할 수 있다.

개념 학습을 촉진시키기 위한 교사의 역할은 다음과 같다.

- 가능한 직접 보거나 만져 볼 수 있는, 변별하기 쉬운 사물에서 시작하여 점차 어려운 것으로 진행한다.
- 이미 조직된 형태로 개념을 제시하기보다는 먼저 실제적이고 구체적인 사례로 예시한 후 영유아들이 개념의 규칙을 스스로 찾아낼 수 있도록 도와준다.
- 영유아들이 미숙하나마 자신의 추론 과정을 설명할 수 있도록 지지하고 격려해 준다.

(3) 직접 교수법

학습자에게 개념과 기술을 가르치기 위해 교사의 주도로 직접 지도가 이루어지는 연역적인 교수 방법이다. 교사는 가르칠 내용과 정보를 조직하여 영유아들에게 설명하거나 모델을 보이고 영유아가 연습할 기회를 제공하며 영유아의 학습 결과에 대한 피드백을 제공한다.

Bandura의 모델 관찰 학습과 모델 행동 본뜨기(modeling), Vygotsky의 비계 설정 원리에 기초한 교수 모델로서(이영자, 이기숙, 이정욱, 1999), 사회적 지식을 습득할 때 더욱 효과적이다.

직접 교수법은 교사가 먼저 영유아의 배경 지식을 토대로 새로운 내용의 윤곽을 제공하고, 그 주제가 영유아에게 의미 있는 학습이 되도록 시범이나 모델을 보이며, 새로운 내용을 이해하도록 기술과 개념을 더욱 숙련되게 만드는 교수학습 방법이다.

직접 교수법을 촉진시키기 위한 교사의 역할은 다음과 같다.

- 학습자의 성장 발달을 고려하여 언어를 선택하고 모델링의 수준을 적절히 선정하여 제시해야 한다.
- 영유아의 주의 집중과 적극적인 동기 유발을 위해 목소리의 크기나 속도, 높낮이 등을 적절히 조절하는 교사의 기술적인 전문성이 요구된다.
- 교사가 사전에 교재교구를 논리적이고 계열성 있게 조직하여 준비하고 보조자료를 적절히 활용하여 학습을 극대화시킬 수 있도록 노력해야 한다.

(4) 협동 학습법

협동 학습이란 교실에서 개별 학습자들이 도달해야 하는 수업 목표를 위해 혼자 또는 경쟁 수업에서 벗어나 학습자들끼리 공유한 학습 목표를 가지고 서로 함께 공부하는 수업 모형을 말한다.

이 방법은 Dewey가 『민주주의와 교육(*Democracy and Education*)』이라는 저서에서 교실이 실제 삶을 연습할 수 있는 장이 되어야 하며 영유아들 간의 사회적 상호 작용을 통해 문제를 해결해 나가는 것이 의의 있고 효율적이라고 제시한 견해에서 그 이론적 근거를 찾을 수 있다. 더불어 또래와의 논쟁과 불일치를 극복하려는 상호 작용을 통해 인지 발달이 이루어진다는 Piaget의 견해와, 또래와의 협동이 인지 발달에 기여한다고 여기는 사회적 구성주의 이론인 Vygotsky의 견해에 의해서 더욱 발전되어 가고 있다.

협동 학습은 영유아가 지도력을 갖고 집단 의사 결정을 할 수 있게 하여 학습자와 교수자 역할 모두를 경험하게 하는 효과가 있으며, 능력이 낮은 학습자나 우수한 학습자 모두에게 사회적, 지적, 정서적으로 발달상의 증진을 보이게 한다. 더불어 한 명이 주도하는 것보다 모든 영유아가 협동하는 방법을 배울 때 협동 학습이 더욱 효과적이라는 견해가 제시되고 있다.

협동 학습을 촉진시키기 위한 교사의 역할은 다음과 같다.

- 영유아들이 함께 놀 수 있는 물 · 모래 · 쌓기 놀이 등의 개방적 놀잇감과 교재교구와 활동을 제공함으로써 공동 작업하는 기회를 갖게 하며, 때로는 제한된 교과교재를 제공함으로써 서로 공유할 기회를 갖게 한다.
- 하루의 일과나 활동에 관해 영유아들이 함께 놀이 계획을 세우고, 방법을 결정하고, 서로의 의견을 교환하고 조정할 수 있도록 협동적 과정을 제시해 주고 격려해 준다.
- 영유아들의 협동 능력은 또래뿐 아니라 성인에 의해 촉진될 수 있는 발달적 산물이므로, 교사들은 영유아들의 사회적 상호 작용과 사회적 문제 해결 기술의 비계 설정자로서의 역할을 담당할 필요가 있다.

이상의 여러 교수학습 방법의 유형 외에도 발문 교수법, 토의 학습법, 문제 해결 학습법 등의 교수학습 방법 등이 제시되고 있다.

4 영유아교사의 교수학습 전략

Bredekamp와 Rosegrant(1992)는 교사의 교수 전략으로서 인정하기, 모델 보이기, 촉진하기, 지원하기, 비계 설정하기, 함께 구성하기, 시범 보이기, 지시하기라는 8가지 유형을 제시하였다. 이러한 교수 전략들을 비지시적(nondirective) 행동에서부터 지시적(directive) 행동까지의 양극단 사이에 존재하는 일련의 연속체라고 보았다.

1) 인정하기

인정하기는 영유아에게 관심을 보여 주고, 영유아가 활동을 계속할 수 있도록 긍정적인 격려를 하는 것이다. 지나치거나 모자라지 않도록 적절한 수준으로 인정해 주는 것이 중요하며, 또한 사실에 근거하여 긍정적이고 명확하게 인정하고 격려하는 것이 중요하다.

2) 모델 보이기

교실에서의 바람직한 행동을 제시하기 위해 교사가 직접 행동으로 보여 주는 방법으로, 함축적인 형태와 명시적 형태로 나눌 수 있다.

명시적 모델 보이기는 영유아의 활동에서 꼭 필요한 정보를 제공하거나 조언해 주는 것으로 함축적 형태보다 다소 지시적이다. 함축적 형태는 교사가 영유아에게 기대하는 행동을 지시하지 않고 직접 실천해 보임으로써 모델 행동을 보이는 것을 의미한다. 예를 들어, 일상생활 습관 훈련에서 간식 먹기 전에 손 씻기 등의 과정을 보여 줄 수 있다.

3) 촉진하기

촉진하기는 영유아가 준비되었을 때 다음 단계로 진행할 수 있도록 일시적인 도움을 제공하는 것이다. 예를 들어, 영유아가 균형 감각을 획득하여 걸으려고 할 때 잠시 잡아 주거나 실수를 두려워하지 말고 활동을 해 보도록 격려하는 것이다.

4) 지원하기

지원하기는 촉진하기와 유사하나 지속적으로 도움을 제공하는 것을 의미하며 교사의 참여 정도에서 차이가 있다.

촉진하기는 교사가 도움을 주는 상황에서 영유아 스스로 활동을 전개해 나가는 것으로 행동의 시작과 끝을 영유아가 주도하는 반면에, 지원하기는 영유아가 교사와 함께 시작과 끝을 결정하는 상황을 말한다.

예를 들어, 자전거 뒤를 붙잡아 줄 때 촉진하기에서는 영유아가 교사에게 자전거를 붙잡아 주고 놓을 때를 결정하여 말하고, 지원하기에서는 영유아와 교사가 함께 의논하여 결정한다.

5) 비계 설정하기(지지하기)

비계 설정하기란 Vygotsky의 이론에 기초한 것으로 지지하기를 의미한다. 영유아의 현재 발달 수준에 기초하여 교사가 기대하는 수준에 도달할 수 있도록 도움을 주고 도전해 볼 수 있는 기회를 제공해 주는 것을 말한다.

영유아가 자신의 잠재적 가능성을 발휘하여야 학습 목표를 달성할 수 있는 경우에 비계 설정을 하는 것은 필수적이다. 교사는 관찰을 통해 영유아가 현재 어느 단계에 있는지 파악하여, 새로운 능력 수준이나 이해 수준으로 발전할 수 있도록 상호 작용해 준다.

6) 함께 구성하기

함께 구성하기는 비계 설정하기보다 좀 더 지시적인 교수 유형으로서, 영유아와 함께 활동을 하거나 과업을 함께 해결해 가는 것을 의미한다. 이 상황에서는 교사와 영유아가 모두 학습자이면서 동시에 교사가 된다.

예를 들어, 교실에서 영유아와 교사가 함께 소꿉놀이를 하거나 프로젝트 활동을 함께 수행하는 것을 말한다.

7) 시범 보이기

시범 보이기는 함께 구성하기보다 좀 더 지시적인 교수 유형이다. 적극적인 참여자는 교사이고, 영유아는 시범의 결과를 관찰하는 것이다. 활동이 확실히 잘못된 방향으로 진행되고 있거나 안전하지 않다고 판단될 경우 의도적으로 사용하기에 적합한 교수 전략이다.

8) 지시하기

지시하기는 교사가 영유아들에게 반드시 어떤 특정한 방법으로 활동하기를 원할 경우 행동의 방향을 구체적으로 제시할 때 사용하는 방법이다. 이때 교사는 가능한 한 시행착오 없이 학습이 이루어지도록 정확하게 지시를 해야 한다.

교사의 교수 전략에 관한 최근 연구들에서는 다양한 교수 전략들을 단일 차원의 연속체로 보는 관점을 비판하고 복합적 차원에서 새롭게 이해하자는 제안을 하고 있다. 따라서 교수학습 전략 또한 각 상황에 따라 적절하게 통합해서 활용해야 할 것이다.

제 3 장

교과교재의 유형과 활용

1 교과교재의 유형

1) 경험의 구체성 정도에 따른 분류

Dale은 교재교구를 활용한 학습 경험의 종류를 구체성과 추상성의 정도에 따라 분류하였다. 그는 이를 경험의 원추로 설명하였는데, 원추의 아래로부터 위로 올라갈수록 추상성이 높아지고, 아래로 내려올수록 구체성이 높아진다고 보았다. 여기에서 어떤 특정 경험이 다른 경험보다 교육적으로 더 유용하다거나 경험의 나열 순서가 실제 학습 상황에 있어 진행 순서임을 암시하지 않는다. 학습 활동의 유형이나 내용, 집단 형태 등에 가장 적합한 경험과 그 경험을 충분히 하도록 하는 교재를 선정해야 하며 여러 유형의 경험을 복합적으로 사용할 수도 있다(김정규, 이광자, 조정숙, 1997).

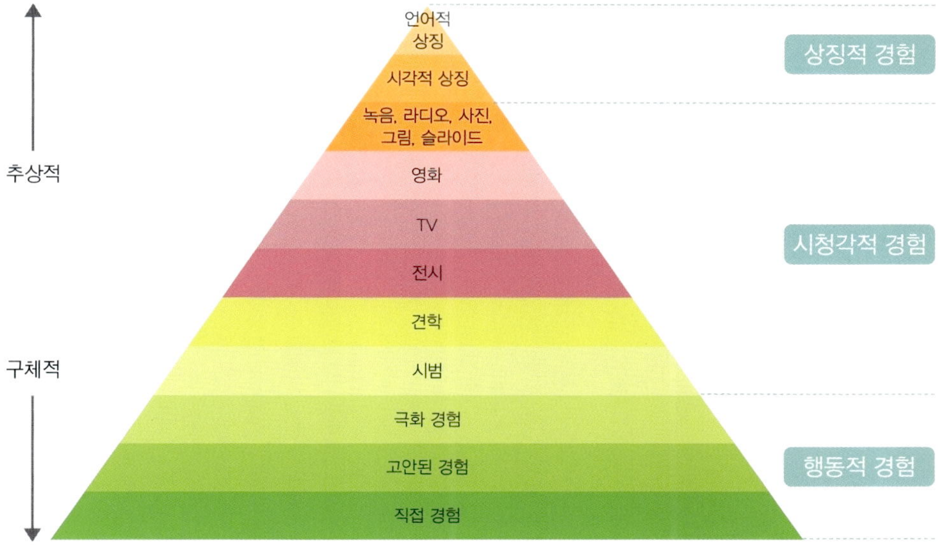

| 그림 3-1 | **데일(Dale)의 경험의 원추**

출처: 김정규, 이광자, 조정숙(2010). p. 54.

2) 교재교구 활용 시 동원되는 감각에 따른 분류

교재교구를 활용할 때 주로 동원되는 감각에 기초하여 시각을 주로 동원하는 것, 청각을 주로 동원하는 것, 시각과 청각을 동시에 동원하는 것으로 분류할 수 있다. 시각을 주로 동원하는 교재교구에는 그림, 사진, 모형, 실물, 디오라마, 게시판, 융판, 그림책, 만화, 그래프, 포스터, 무성 영화 등이 있다. 청각을 주로 동원하는 것으로는 녹음기와 레코드 플레이어 등의 녹음 자료, 라디오 방송, 여러 가지 악기, 동화 듣기 등이 있다. 시청각을 겸한 것으로는 발성 영화, 인형극, 텔레비전, 녹음된 슬라이드 세트 등이 있다.

3) 제작 주체에 따른 분류

영유아가 활용하는 교재교구를 제작 주체에 따라 분류하면 교사가 직접 제작한 교재교구와 상품화된 교재교구로 나눌 수 있다.

(1) 교사가 제작한 교재교구

교사가 제작한 교재교구는 상품화된 것보다 영유아의 발달 수준, 활동 주제에 더욱 적합할 수 있고, 다양한 소재를 활용하여 창의적으로 만들 수 있으며 교사가 그 활용 방법을 잘 알 수 있다는 장점이 있다. 그러나 상업화된 것에 비해 견고하지 못할 수도 있다는 단점도 있다. 교사가 직접 제작하여 사용할 수 있는 교재교구의 예는 이 책의 교재교구 제작의 실제 부분에 제시되어 있다.

(2) 상품화된 교재교구

상품화된 교재교구는 교사가 제작한 것에 비해 견고하여 반영구적으로 사용할 수 있다. 상품화된 교재로는 프뢰벨 교구, 몬테소리 교구, 이스라엘의 오르다(Orda) 등이 있다.

교사가 제작한 교구와 상품화된 교구 중 어느 것이 영유아교육에 더 효과적이라고는 단정지을 수 없다. 시간과 노력, 그리고 비용을 최소화하여 필요한 교구를 교사가 직접 제작하거나 제작이 불가능한 경우 상품화된 교구를 구입하여 사용하는 것이 바람직하다.

2 교재교구의 선정과 배치

1) 교재교구의 선정

유아교육기관에서는 교수-학습 과정에서 교육 활동의 극대화를 위해 교재교구가 필요하다.

이를 위해 필요한 교재교구를 교사가 직접 제작하여 사용하기도 하고 상품화된 교재교구를 구입해서 활용하기도 한다.

교재교구를 구입할 때는 먼저 기관에서 보유하고 있는 교구들을 점검하고, 기관의 예산을 고려하여 필요한 교구 순으로 우선순위를 결정하는 등 사전에 철저한 계획을 세운 후 구입해야 한다. 뿐만 아니라 교사의 제작 가능성을 고려하되 지나치게 많은 시간과 노력이 필요하거나 비용이 많이 드는 경우나 제작하더라도 교육효과 면에서 기대치가 낮을 때는 교재교구를 구입하는 것이 오히려 좋다.

교재교구를 선정할 때 고려해야 할 사항은 기능적인 측면과 교육적인 측면을 동시에 고려하여야 한다.

(1) 기능적인 측면

- 안전성

교재교구를 구입할 때는 안전성을 반드시 고려해야 한다. 독성이 없어야 하고, 표면이나 모서리가 날카롭지 않도록 처리되어 있으며, 페인트가 묻어나지 않는 것이어야 한다. 또한 부서질 경우 조각들이 위험하지 않은 것을 선택하도록 한다.

● 내구성

내구성이 좋은 재질로 만들어져서 영유아의 놀이 과정에서 부딪히고 눌러도 쉽게 파손되지 않는 것을 구입하는 것이 바람직하다. 또한 튼튼하게 조립되고 제작되어 쉽게 고장이 나지 않아 반영구적으로 사용할 수 있는 것이 좋다.

● 경제성

교재교구의 품질이 우수하면서 값이 싼 것을 선택한다. 즉, 적은 비용을 들이고 지속적으로 사용할 수 있는 것을 구입하도록 한다.

● 관리 용이성

가벼워서 이동이 쉬우며, 공간을 적게 차지하여 보관이 쉬운 것을 선택한다. 또한 부식되지 않는 등 관리가 용이한 것을 구입하는 것이 바람직하다.

(2) 교육적인 측면

첫째, 발달에 적합한가?

영아의 경우는 어휘 구성력 격려, 균형 감각 증진, 손가락 사용 자극, 독립심 향상을 돕는 교재교구가 좋고, 유아의 경우는 모든 발달 영역에서 유아들이 획득한 기술을 좀 더 세련되게 하는 교재교구가 바람직하다. 영유아에게 제공되는 모든 교재교구는 유아 발달 단계의 특성에 부합, 유아들이 적극적으로 활용할 수 있도록 흥미로워야 하며 안전해야 한다.

둘째, 활동적인가?

영유아들이 활동적으로 가지고 놀 수 있는 교재교구를 제공하여야 하고, 적극적 개입과 탐색을 증진시키는 것이어야 한다.

셋째, 개방적인가?

융통성 있게 사용할 수 있는 교재교구를 의미하는데, 즉 한 가지 방법만 사용하지 않고 여러 가지로 응용할 수 있는 교재교구로 모든 교구가 개방적일 필요는 없지만 대체로 개방적인 교구를 마련하는 것이 바람직하다.

넷째, 피드백을 주는가?

유아들은 교구를 통해 그들의 행동이 성공했는지에 대한 피드백을 받고 싶어 한다. 즉, 퍼즐을 완성한 유아는 그 조각이 정확하게 맞추어졌는지 확인하고 싶어하고, 다리를 완성한 유아는 그 블록을 성공적으로 쌓았는지 확인함으로써 만족감을 얻는다.

다섯째, 다목적인가?

교재교구는 놀이에 대한 많은 가능성을 제시하여 유아들의 문제 해결 기술과 상상력이 증진될 수 있는 다목적인 교재교구가 바람직하다.

여섯째, 매력적인가?

색깔이나 디자인이 매력적이어서 미적 만족감을 주는 것이 좋다. 디자인과 질감이 좋은 것뿐 아니라 영유아에게 가지고 놀고 싶다는 마음을 들게 호기심과 즐거움 및 성취감을 느끼게 하는 것이 필요하다.

일곱째, 고정적인 성 역할을 강화하지 않는가?

성적인 차별이나 특정 민족이나 문화에 대한 고정적인 생각을 강화하지 않아야 하고, 평등과 관용, 반편견적인 사고를 길러줄 수 있어야 한다.

여덟째, 다양한가?

영유아의 전인 발달을 도모할 수 있도록 대근육, 소근육, 인지 과정 연습, 언어 사용, 사회화 촉진, 정서적 욕구 표출, 창조적 능력 등 다양한 기술과 발달이 이루지는 다양한 교재교구를 제시한다.

2) 교재교구의 배치

교재교구의 배치에 따라 교육적 효과가 달라질 수 있으므로 세심하게 계획하여 환경 구성을 하는 것은 중요한 일이다.

교재교구를 배치할 때 고려해야 할 점은 다음과 같다.

- 교재교구는 영유아의 눈에 띄기 쉬운 곳에 배치하고, 영유아가 한눈에 볼 수 있도록 질서 정연하게 잘 정돈해 놓아 교재교구의 활용 빈도를 높인다.
- 영유아가 사용하기 편리하도록 전시한다. 영유아의 눈높이에 맞는 선반에 교재교구를 배치하여 쉽게 꺼내고 사용 후에도 정리할 수 있도록 한다. 또한 조각으로 된 교재교구의 경우 바구니나 상자에 담아 전시하여 이동이 용이하도록 한다.
- 교재교구는 흥미 영역별로 배치하는 것이 바람직하다. 흥미 영역별로 배치할 경우 물리적 한계를 분명히 하고 활동에 필요한 적절한 공간을 확보할 수 있으므로 영유아가 안정감을 갖고 활동할 수 있게 된다.
- 교재교구의 배치는 고정된 것이 아니라 필요에 따라 변화를 주어야 한다. 활동의 주제가 바뀔 때나 영유아가 사용하는데 불편해 보이면 바꿔 줄 필요가 있다.
- 관련된 자료는 인접한 곳에 배치하여 교재교구를 찾을 때 소모되는 시간을 줄인다.
- 파손되기 쉬운 기자재나 과학 기기 등은 안전한 장소에 보관한다.
- 교재교구를 배치할 때 미적인 측면도 고려하여 영유아의 관심과 흥미를 유발시킨다.

이상과 같은 점을 고려하여 교재교구를 신중히 선택하고 영유아가 쉽게 사용하도록 배치하면 그 교육적 효과를 높일 수 있다.

3 교재교구의 제작과 평가

유아교육기관에서 교사가 교재교구를 제작하여 활용하기 위해서는 사전에 철저한 계획과 충분한 검토가 요구되며, 필요한 제작 절차를 거쳐야 한다. 교재교구를 제작할 때 고려해야 할 점과 그 제작 과정을 살펴보면 다음과 같다.

1) 교재교구 제작 시 고려 사항

교재교구를 교사가 제작하여 활용하고자 할 때는 상품화된 것을 구입할 때와 마찬가지로 제작하고자 하는 교재교구가 영유아의 발달 수준에 적합하고 교육의 목표를 달성할 수 있는 것인지 검토하여야 한다. 그 외에도 다음과 같은 점을 고려하여 제작해야 한다.

- 매력적이어야 한다.

색상, 모양, 크기, 질감 등 미적인 측면에 신경을 써서 제작하여 영유아의 흥미를 끌 수 있도록 한다.

- 제시 방법과 활용 방법을 고안한다.

영유아가 교재교구에 쉽게 다가갈 수 있도록 제시 방법과 활용 방법을 미리 고안해 놓는다.

- 여러 가지 소재를 사용하고 다양한 방법으로 제작한다.

동일한 소재만을 사용하거나 너무 흔한 소재를 사용하여 제작할 경우 영유아가 싫증을 내기 쉬우므로 참신한 재료와 다양한 소재를 이용하고, 다양한 방법으로 제작한다.

- 적당한 크기로 제작해야 한다.

교재교구는 영유아가 다루기에 적당한 크기여야 한다. 대그룹용인지 소그룹용인지를 고려하여 제작한다.

- 견고해야 한다.

교재교구는 쉽게 고장이 나지 않도록 견고하게 만들고, 이음새나 부속물이 떨어지지 않도록 단단히 부착하여 파손되지 않도록 한다.

- 안전해야 한다.

영유아가 손으로 만지거나 입에 대었을 때도 해가 없도록 독성이 없는 재질로 되어 있어야 하며, 표면이나 모서리가 날카롭지 않게 다듬어져 있어야 한다.

- 보관이 용이해야 한다.

활용 후 자료실에 보관할 수 있는 크기로 제작되어야 하는데, 너무 큰 교재교구의 경우는 반으로 접을 수 있도록 만들며, 입체일 경우는 분리가 가능하도록 제작하는 것이 좋다.

2) 교재교구의 제작 과정

(1) 교재교구 제작 계획

교재교구를 제작할 때는 철저한 계획과 사전 점검을 통해 최소한의 비용과 노력으로 최대의 효과를 거둘 수 있도록 해야 한다. 즉, 어떤 교재교구를 어떠한 목적으로 제작할지를 사전에 계획해야 한다.

이때 교재교구의 제작 계획서를 작성하여 필요한 재료와 제작 방법을 상세히 기록하는 것이 중요하다. 계획서는 교사들에게 교재교구를 제작하면서 어떤 재료를 준비해야 하고 어떻게 교구를 제작하는지 알 수 있도록 도와주며, 어떻게 활용되는지 알게 해 줄 뿐 아니라 계획서를 모아 자료집을 만들면 시간이 부족한 실습 기간이나 교사 생활 중에 유아들에게 필요한 교재교구를 찾는데 도움을 줄 수 있고, 또한 이후에 다른 사람이 보고 활용할 수 있으므로 유용하다.

교재교구의 제작 계획서를 작성할 때 포함시켜야 할 사항은 다음과 같다.

- 주제와 활동명

활동에 사용될 주제를 기입한다. 이때 여러 가지 주제에 활용이 가능한 경우 모두 적는다. 활동명을 정하여 쓴다.

- 대상 연령

교재교구의 수준을 고려하여 활용이 가능한 영유아의 연령을 명시한다. 참고로 교재교구의 난이도를 생각하여 어느 수준의 유아들에게 제공될 수 있는지 수준을 나누어 제시할 수도 있다.

- 집단 크기

활동이 대집단 활동인지, 소집단 활동인지, 개별 활동인지 기입한다.

- 활동 영역

제작하고자 하는 교재교구가 어떤 영역에서 활용될 수 있는지 영역을 적는다.

- 활동 목표

활동을 통해 어떤 교육적 효과를 얻고자 하는지 구체적으로 기술한다. 즉, 교재교구를 사용해서 활동할 경우 무엇을 성취할 수 있는지 구체적으로 쓴다.

• 활동 자료

교재교구를 제작하는데 필요한 모든 자료를 상세하게 기록하고, 자료의 색깔과 질감도 명시한다. 또한 자료의 구입 방법도 자세히 적는 것이 좋다.

• 제작 방법

교재교구의 제작 방법을 자세하게 기록한다. 즉, 자료의 수량, 크기와 모양, 제작 순서, 어떤 도구를 사용해야 하는지 등을 상세히 적어 두어 이후에 다른 교사도 참고할 수 있도록 한다.

• 활용 방법

교재교구를 사용하는 방법을 상세하게 기술한다. 본격적인 활동에 들어가기 전에 할 수 있는 사전 활동과 본 활동, 그리고 본 활동 후 확장 가능한 사후 활동도 제시해 주면 실제로 활용하는 데 도움이 된다.

• 참고 사항

교재교구를 제작할 때나 활용할 때 특별히 유의해야 할 사항이나 기타 필요한 사항을 기입한다.

다음은 위의 사항들을 포함시킨 교재교구 제작 계획서 형식의 예이다.

교재교구 제작 계획서

<table>
<tr><td>주 제</td><td></td><td rowspan="2">대상 연령</td><td rowspan="2"></td></tr>
<tr><td>활 동 명</td><td></td></tr>
<tr><td>활동 영역</td><td></td><td>집단 크기</td><td></td></tr>
<tr><td>활동 목표</td><td colspan="3"></td></tr>
<tr><td>활동 자료</td><td colspan="3"></td></tr>
<tr><td>제작 방법</td><td colspan="3"></td></tr>
<tr><td rowspan="3">활용 방법</td><td colspan="3">[사전 활동]</td></tr>
<tr><td colspan="3">[본 활동]</td></tr>
<tr><td colspan="3">[확장 활동]</td></tr>
<tr><td>참고 사항</td><td colspan="3"></td></tr>
</table>

출처: 한성희, 임연진(2005). p. 43.

(2) 교재교구 제작

교재교구를 제작하기 위해서는 먼저 월간 계획안이나 주간 계획안에 입각하여 필요한 교재교구가 어떤 것인지 파악해야 한다. 그 다음 필요한 교재교구를 기관이 보유하고 있는지 목록을 통해서 확인하며, 보유한 교재교구들이 즉시 사용이 가능한지 아니면 보수나 개작이 필요한지를 점검한다. 필요한 교재교구를 기관에서 보유하고 있지 않다면 구체적인 제작 계획을 세우고 실제 제작에 들어간다. 제작된 교재교구는 모의 수업을 통해 활용해 보고 문제점을 파악하여 보완한 후 완성한다.

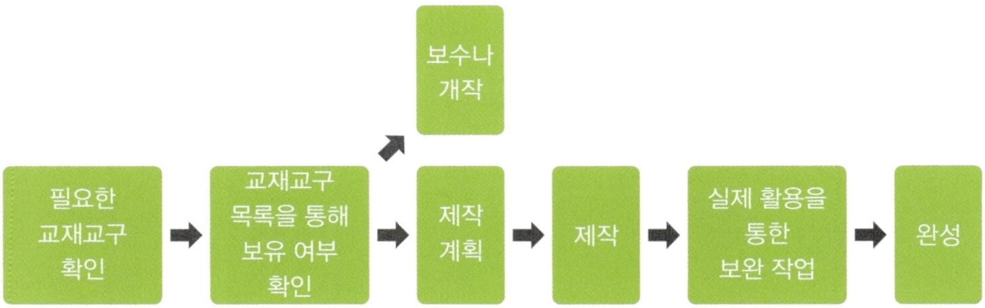

| 그림 3-2 | 교재교구의 제작 과정

출처: 한성희, 임연진(2005). p. 42.

3) 교재교구 제작의 평가

교재교구를 제작 완성한 후 현장 적용을 거친 뒤 평가 과정을 거쳐 수정 및 보완을 하도록 한다. 교재교구는 다음과 같은 사항을 고려하여 평가하도록 한다(차춘희 외, 2003; 김정원 외, 2005).

- 유아의 발달 수준에 교재교구가 적합한지 평가한다.

각 연령에 따라 유아들의 발달 수준에 차이가 있기 때문에 발달 수준에 적합하도록 제작되었는지 교구와 유아와의 상호 작용을 통해 평가한다.

- 유아의 흥미와 매력을 끄는 교재교구인지 평가한다.

교재교구의 심미감이 유아들에게 충분히 매력적으로 보일 수 있는지 평가한다. 유아들과 상호 작용을 할 때 교재교구가 흥미롭지 못하면 활동을 오래 지속시키지 못하며 유아들의 주의가 쉽게 산만해진다. 주의 지속 시간이 짧기 때문에 상호 작용이 유지되지 못하며, 교재교구 사용 시 의도한 교육 목표를 성취할 수 없게 된다. 따라서 교재교구 제작 시 유아에게 흥미와 매력을 끌 수 있는 색상, 모양, 질감, 디자인 등을 고려하여 유아들이 충분히 교재교구에 집중하고 조작할 수 있도록 평가를 통해 수정, 보완이 가능하도록 해야 한다.

- 유아들이 교재교구를 통해 상호 작용한 후 계획한 활동 목표나 기대 효과를 달성하였는지 평가한다.

교재교구는 유아의 신체, 언어, 인지, 정서, 사회성 발달 등 다양한 영역의 발달을 촉진하며 창의성 발달에 영향을 준다. 따라서 교재교구는 유아의 전인적 발달을 돕는 활동 목표나 기대 효과를 얻을 수 있도록 제작되어야 한다. 유아의 활동이 끝난 후 활동 목표를 달성하였는지 평가하고, 부족한 부분이 평가되면 수정, 보완을 거친다.

- 교재교구를 가지고 활동할 때 다른 영역과의 연계나 다양한 방법으로 확장이 가능한지 평가한다.

동일 교재, 같은 교구를 다른 영역의 활동과 확장하여 다시 활용한다면 다른 교수학습 활동이 가능하게 되어 교재교구의 효율성을 높이고 폭넓게 사용할 수 있게 된다. 예를 들어, '케이크 꾸미기' 에서 케이크를 완성시키는 조작 활동을 한 후 케이크 조각을 나누어 보거나 케이크 조각에 장식의 양을 많게 또는 적게 꾸며 보는 수학 영역의 활동을 연계하여 진행할 수 있다.

- 교재교구가 지속적으로 활동이 가능할 만큼 견고하고 안전한지 평가한다.

유아들은 교재교구를 가지고 끊임없이 탐색하고 조작을 반복하기 때문에 교재교구의 부착물이 쉽게 떨어지거나 이음새가 벌어지게 된다. 그리고 활동을 하다 보면 예상보다 마감이 거칠거나 뾰족할 수 있어 유아들이 다칠 수 있다. 따라서 평가를 통해 수정, 보완을 하여 교재와 교구를 견고하고 안전하게 제작하여 유아들이 활동을 하도록 해야 한다.

- 유아가 교사의 도움 없이 교재교구를 혼자서 조작하거나 이동하기 쉬운지 평가한다.

교재교구는 유아의 자발적인 참여와 창의적 표현을 위해 고안되어야 한다. 어렵거나 유아가 조작하기에 크고 무거우면 유아들은 교사의 도움이 필요한데 자신이 원할 때 교사의 도움을 즉시 받지 못할 경우 유아들은 해당 교재교구를 찾지 않게 된다. 따라서 이러한 점을 고려하여 제작하고 평가를 통해 수정, 보완할 수 있도록 해야 한다.

4 교재교구의 활용과 보관

1) 교재교구의 활용

교재교구를 어떻게 활용하느냐에 따라 영유아의 흥미와 동기 유발이 달라지고, 그로 인해 교육의 효과가 좌우된다. 따라서 교재교구를 언제 어떻게 제시하는가는 교육의 목표 달성에 매우 중요한 사항이다. 교사는 영유아가 교재교구를 선택하고 활용하는 과정을 주의 깊게 관찰하고, 적합한 시기에 적절한 방법으로 교재교구를 제공해 주어야 한다.

교재교구를 제시할 때는 장소와 방법에 변화를 주도록 하여 눈에 잘 띄고 매력적으로 보이게 하는 것이 기본이며, 그 밖에 고려해야 할 사항은 다음과 같다.

- 주제에 적합한 교재교구를 제시한다.

사전에 계획한 연간 계획이나 월간 계획에 입각하여 해당 주제에 따라 적합한 교재교구를 제시한다.

- 발달 수준에 알맞은 교재교구를 제공한다.

영유아의 발달 수준에 적합한 교재교구를 제시하여야 영유아가 흥미를 잃지 않고 활용할 수 있으므로 교육의 효과를 높일 수 있다.

- 교재교구의 제시 순서를 고려한다.

학기 초에는 구체적이고 단순한 것을 제시해 주고 학기가 진행될수록 점차 추상적이고 복잡한 것을 제공해 준다.

● 교재교구를 교체할 때 한꺼번에 바꾸기보다는 몇 가지씩 바꾸어 나간다.

주제가 바뀔 때 기존의 교재교구를 한꺼번에 모두 치우기보다는 하루에 2~3개 정도씩 주제에 해당하는 새로운 교재교구로 교체해 준다.

● 새로운 교재교구를 제공할 때 교재교구의 종류나 특징을 고려하여 소개한다.

사용 방법이 복잡하거나 위험한 교재교구의 경우 제시하기 전에 전체 영유아에게 활용법에 대해 알려 주지만, 다루기 쉬운 교재교구는 영유아 스스로 시행착오를 통해 활용 방법을 터득하도록 격려하고 교사에게 도움을 청할 경우 그 사용 방법에 대해 알려 준다.

● 주의 집중과 흥미를 유발시킬 수 있는 사전 활동을 고안한다.

교재교구를 제시할 때는 먼저 영유아의 주의를 집중시키고 흥미를 유발시킬 수 있는 사전 활동을 계획하여 실시한다.

● 활동 후에는 확장 활동을 실시한다.

교재교구를 활용하여 활동을 전개한 다음에는 자연스럽게 다른 활동으로 확장시킬 수 있도록 사후 활동을 구상한다.

2) 교재교구의 보관

유아교육기관에서는 상급 학교에 비해 교재교구의 수가 많고 크기도 크기 때문에 효율적으로 활용하기 위해서는 체계적인 보관과 관리가 매우 중요하다. 교재교구 목록을 잘 작성하여 필요시 적절히 배치하고 보관하는 등의 관리는 영유아들의 정리 습관을 길러주는 데 도움이 될 수 있고, 교재교구의 재구입 시에 재원을 절약할 수도 있다. 따라서 교재교구를 새로 제작하는 일보다 더 중요한 것은 합리적으로 보관하는 일이다.

교재교구를 보관할 때 유의해야 할 사항을 살펴보면 다음과 같다.

- 교재교구를 보관하기 위한 별도의 공간을 마련한다.

자료실이나 교사실에 철재나 목재로 된 교재교구장을 설치하여 보관한다. 이때 습기나 해충으로 인한 손상을 막기 위해 습기 제거제나 방충제를 놓는다.

- 수시로 점검하는 일이 필요하다.

느슨한 부분은 없는지, 날카로운 모서리는 없는지, 쪼개지지는 않았는지, 페인트 조각이 떨어지지는 않았는지 항상 점검하여야 한다.

- 부속품을 점검하고 파손된 곳을 보수한 후 보관한다.

교재교구를 보관하기 전에 부속품이 모두 있는지 확인하고 깨끗이 닦아 놓는다. 또한 파손된 곳이 있으면 수리하여 보관하여야 한다.

- 교재교구의 형태에 따라 봉투, 상자, 바구니 등을 활용하여 정리한다.

부속품이 많거나 작은 조각들로 된 교재교구는 교구장이나 보관대에 정리하기 어려우므로 봉투나 상자, 바구니 등에 넣고 교구명과 분류 번호, 부속품 내용을 견출지에 적어 붙인 후 보관한다.

- 교재교구 목록과 분류 카드를 만들어 비치해 놓는다.

주제, 흥미 영역, 활동 유형 등을 명시한 교재교구 목록과 분류 카드를 만들어서 체계적으로 정리해 놓아 필요한 교재교구를 쉽게 찾을 수 있도록 한다.

5 환경 구성과 교재교구

영유아를 위한 환경은 이들을 둘러싸고 있는 교사나 종사자에 의해 결정되는 심리 · 사회적 환경과 시설이나 비품, 교구 및 입지 조건, 지역의 자연환경 등의 물리적 환경으로 구성된다. 영유아 교육의 질은 이들의 발달적 욕구를 충족시켜 줄 수 있는 환경 구성에 의해 일정 부분 결정된다고 볼 수 있어 더욱 내실 있는 교육을 위해서는 물리적 환경을 효율적으로 계획하여 구성하는 것이 무엇보다 중요하다.

1) 영아를 위한 환경 구성

영아를 위한 공간의 구성에서 우선 고려해야 할 사항은 정서적으로 가정과 같은 편안한 느낌을 가지고 안전하게 지낼 수 있도록 환경을 구성해야 한다는 점이다. 또한 영아의 발달에 적합하도록 개개인의 욕구를 충족시킬 수 있는 환경으로 구성해야 한다는 점도 빼놓을 수 없는 사항이다. 이 시기의 영아는 스스로 이동할 수 있게 되는 시기이고 자조 기술을 발달시키는 시기이므로 이에 적절한 환경을 구성해야 한다. 이를 위해 마음껏 돌아다니며 움직일 수 있는 충분한 공간이 필요하며 인지 발달을 도와주는 감각 운동 경험을 충분히 할 수 있는 교구와 비품 등이 준비되어야 한다. 더불어 영아의 건강과 위생을 고려한 공간도 마련되어야 한다.

영아를 위한 공간은 실내 공간과 실외 공간으로 구성되는데 실내 공간은 식사 및 배변을 위한 영역, 잠자는 영역, 개별 휴식이나 활동을 위한 영역 등이 필요하며, 여기에 영아들이 놀이를 할 수 있는 활동 영역들을 구성해 주는 것이 바람직하다. 영아의 놀이를 위한 활동실도 흥미 영역으로 구성해 주는 것이 좋으나 영역 구분을 너무 세분화하지 않고 전체 공간이나 영아의 특성을 고려하여 2~3개 또는 3~4개의 흥미 영역으로 구성하고 필요할 경우 흥미 영역의 구성이나 배치를 달리

할 수 있다. 실외 공간 역시 영아들의 안전을 우선으로 하여 탐색하고 놀이할 수 있는 영역으로 구성하는 것이 좋다.

영아를 위한 환경 구성

2) 유아를 위한 환경 구성

유아를 위한 환경 구성 역시 안전을 우선시하면서 유아의 발달에 적합하도록 조성하는 것이 중요하다. 유아들은 대·소근육의 움직임이 민첩해지며 활동 범위도 넓어지고 친구와 상호 작용도 활발해진다. 또한 상징 놀이를 즐기게 되고 급속한 어휘 증가와 발음 및 문장 구성 능력이 발달한다. 따라서 유아를 위한 교육 환경은 유아의 교육적 욕구를 충족시킬 수 있는 세분화된 흥미 영역을 중심으로 구성하는 것이 바람직하다. 흥미 영역은 유아의 놀이 및 교육 활동에 중요한 영향을 미치는 요인으로서 유아의 흥미를 자극하기 위한 일정한 놀이 공간을 뜻하며, 각 영역별로 어느 정도 고정된 시설물과 교재교구가 포함된다.

일반적으로 분류되는 실내 흥미 영역에는 언어 영역, 역할 영역, 수·과학 영역, 쌓기 영역, 음률 영역, 미술 영역, 대근육 영역 등이 있으며, 실외 흥미 영역에는 신체 활동 영역, 탐색 활동 영역, 물 · 모래 놀이 영역 등이 있다. 각 영역별 배치는 독립적으로 이루어지되, 한 영역과 다른 영역과의 관계가 자연스럽게 이어지도록 고려해야 한다.

흥미 영역의 구성은 다음과 같은 교육적 가치가 있다.

- 유아들이 자발적으로 놀이와 활동에 참여하도록 해 준다.
- 유아가 흥미를 느끼는 것에서 시작하여 창의적이며, 다양한 경험을 할 수 있는 기회를 제공한다.
- 개별 활동과 소집단 활동이 활발하게 일어난다.
- 물리적, 시각적으로 경계를 지워 줌으로써 주의를 집중시키기가 쉬우며 안정감을 제공해 준다. 또한 다른 유아로부터의 방해를 통제할 수 있게 해 준다.
- 놀이를 스스로 계획하고 결정하고 선택함으로써 자율성과 의사 결정력, 그리고 책임감을 길러 줄 수 있다.
- 유아가 자신의 경험을 분류하고 조작하는 데 도움이 되며 교구를 혼자 다룰 수 있게 된다.
- 전인적 발달을 위한 통합 교육의 장이 된다.
- 교사와 유아, 유아와 유아, 유아와 교구와의 상호 작용이 원활히 일어나도록 돕는다.

유아를 위한 환경 구성

3) 흥미 영역과 교재교구

교사는 교육 목표, 교육 과정, 교실 크기, 영유아의 특성을 고려하여 교실을 몇 개의 흥미 영역으로 구성할지 결정해야 한다.

영유아교육 현장에서 구성하는 흥미 영역을 기초로 하여 이 책에서 구성해 본 교재교구들은 다음과 같다.

흥미 영역으로 구성된 환경

(1) 언어 영역

언어 영역에서는 영유아의 듣기, 말하기, 읽기, 쓰기 등과 같은 여러 가지 언어 활동 교재교구를 준비한다. 더불어 언어 활동을 유도할 수 있고, 언어 활동을 확장할 수 있는 다양한 놀이가 이루어질 수 있도록 교재교구를 준비하기도 한다.

언어 영역은 밝은 곳에 배치하는 것이 좋고 안정된 분위기에서 편안하게 활동할 수 있도록 구성해 준다.

듣기	카세트 리코더와 테이프, CD 플레이어와 CD, 헤드폰, 전화기
말하기	융판과 융판 자료, 다양한 그림 자료, 여러 종류 인형(손인형, 손가락인형, 막대인형), 인형극 틀, 녹음기와 테이프, 마이크
읽기	책 종류(동화책, 동요 · 동시집, 그림 백과사전, 잡지), 책꽂이, 글자 카드, 인쇄물(광고 팸플릿)
쓰기	필기도구(연필, 크레파스, 매직펜, 사인펜), 지우개, 종이, 스탬프, 소형 화이트보드와 펜, 자석판, 단어 카드, 필순 카드

언어 영역

(2) 역할 영역

연령별로 다양한 사회적 역할을 표현해 볼 수 있는 환경을 만들어 준다. 여러 영유아가 함께 놀 수 있도록 통로에서 떨어진 곳에 충분한 공간을 마련해 주며 쌓기 영역과 인접하여 배치하면 효과적이다. 가정과 같은 안락한 분위기로 구성해 준다.

주방용품	싱크대, 주방 기기(찍기 틀, 국자, 도마, 칼, 거품기 등), 각종 그릇, 프라이팬, 주전자, 컵, 수저, 포크
생활용품	화장대, 옷장, 인형 침대, 전화기, 시계, 다리미, TV, 헌 드라이어, 거울, 빗, 넥타이, 가방, 각종 인형, 타자기
각종 의상	드레스, 양복, 잠옷, 앞치마, 코트, 남녀 한복, 사회극을 위한 의상, 인형극 틀
기타 소품	각종 신발류, 모자류, 가방류, 타이류, 우산, 장신구들, 부채, 스카프
사회극적 놀이 세트	의사 놀이, 가게 놀이, 미장원 놀이, 방송국 놀이, 우체국 놀이, 은행 놀이 등을 위한 놀잇감

역할 영역

(3) 수 · 과학 영역

밝고 조용한 곳에 배치한다. 카펫이나 자리를 깔아서 게임판을 바닥에 놓고 활용하거나, 낮은 탁자나 책상을 놓아 줌으로써 앉아서 활동에 몰두할 수 있게 한다. 수와 과학에 관한 학습은 교실이나 어느 한 영역에서만 이루어지는 것이 아니라 유아의 주변 어느 곳에서나 이루어질 수 있으므로 실제 물건 및 도구들, 일상생활과 관련된 물건들, 실외의 자연 생태에 관련된 자료를 포함하여 다양한 조작 놀이 용품으로 구성한다.

실험 도구	확대경, 프리즘, 망원경, 자석, 손전등, 건전지, 거울, 플라스틱 병이나 컵, 깔때기
측정 도구	자, 신장기, 체중계, 저울, 계량컵과 계량스푼, 시계, 온도계, 달력
동 · 식물류	개미, 거북이, 금붕어, 열대어, 고구마, 감자, 가지, 토마토
사육 · 재배용 도구	사육 상자, 먹이통, 어항, 산소 공급기, 화분, 물뿌리개, 모종삽, 분무기
표본류	식물, 곤충, 돌, 조개껍데기, 곡식류, 씨앗류, 낙엽, 꽃잎
기계류	도르래, 지렛대, 나사, 스위치, 계산기, 카메라, 열쇠와 자물쇠
수 놀이 용품	수 막대, 수 세기 못과 판, 수 카드와 빨래집게, 숫자 도미노, 그림자 카드, 같은 그림 맞추기 카드(lotto), 저울
조작 놀이 용품	퍼즐, 구슬과 끈, 끈 끼우기 판, 포개거나 끼워 맞추는 놀잇감, 일상생활 훈련 틀, 바느질하기
기타	잡지, 그림

수 · 과학 영역

(4) 쌓기 영역

이 영역은 조용한 영역과 비교해 볼 때 상대적으로 조금 시끄럽고 소음이 나는 활동적인 영역이다. 그러므로 바닥에 카펫이나 자리를 깔아 소음을 줄인다. 그리고 영역의 둘레를 막아 주거나 경계를 구분 지어 방해받지 않고 활동에 몰두할 수 있도록 하고 통행이 많이 이루어지지 않는 곳에 배치한다.

다양한 블록 종류	단위 블록(unit blocks), 속이 빈 블록, 종이 벽돌 블록, 우레탄 블록, 플라스틱 끼우기 블록, 폐품(우유갑, 깡통)으로 만든 블록, 스펀지 블록, 코코 블록
사람 · 동물 모형	가족 모형, 여러 직업인 모형, 가축 모형, 야생 동물 모형
소품 및 장난감 자동차 종류	승용차, 버스, 트럭, 경찰차, 병원차, 소방차, 배, 비행기

쌓기 영역

(5) 음률 영역

음률 활동을 위해서는 신체를 자유롭게 움직일 수 있는 넓은 공간이 필요하며, 영유아가 소리를 정확히 변별할 수 있도록 다른 소음과 섞이지 않아야 한다. 또한 소음으로 인접 영역에 방해가 되지 않도록 배치한다. 바닥은 카펫을 깔아 안정된 분위기를 제공하며, 낮은 선반을 악기 장으로 이용한다. 악기 장에는 악기의 이름이나 그림을 부착하여 영유아가 손쉽게 사용하고 정리할 수 있도록 한다.

리듬 악기	탬버린, 캐스터네츠, 트라이앵글, 큰북, 작은북, 심벌즈, 리듬 막대, 방울, 마라카스, 귀로, 장구, 소고, 꽹과리, 징
가락 악기	오르간, 피아노, 실로폰, 멜로디언, 오토 하프, 하모니카, 피리
생활 악기	냄비 뚜껑, 빈 병이나 유리컵, 숟가락, 젓가락, 모래 종이, 빨래판
음향 기기	카세트 리코더, 테이프, 헤드폰, 마이크
신체 표현 도구	리본 막대, 스카프, 풍선, 긴 줄, 낙하산, 한삼
기타	여러 나라의 전통 악기 사진이나 그림, 그림 악보, 큰 거울, 게임 자료

음률 영역

(6) 미술 영역

미술 작업 활동을 위해 기본 자료가 준비된 교구장, 미술 활동을 위한 책상과 의자, 이젤 등의 설비, 그리고 작품을 보관할 장소 등이 있어야 한다. 바닥에 물감을 흘렸거나 손을 닦을 필요가 있을 때 쓸 수 있도록 항상 물을 공급받을 수 있는 수도 시설이 필요하며, 바닥 표면은 물이나 물감을 흘렸을 때 영유아가 쉽고 깨끗하게 닦을 수 있는 재질이 좋다.

종이류	도화지, 마분지, 한지, 셀로판지, 습자지, 색종이, 신문지, 포장지, 잡지
그리기 및 칠하기 자료	크레파스, 사인펜, 연필, 매직펜, 색연필, 색분필, 포스터 물감, 수채화 물감, 물감통, 팔레트, 붓, 화판, 면봉, 칫솔
자르고 붙이는 자료	가위, 풀, 접착제, 스테이플러, 펀치, 투명 테이프, 클립
점토류	찰흙, 고무찰흙, 지점토
폐품류	휴지 속심, 은박 접시, 종이컵, 나무젓가락, 쇼핑백, 빨대, 우유갑, 이쑤시개, 스티로폼 용기, 컵라면 용기, 음료수 캔, 달걀 판, 필름 통, 단추
기 타	비닐 깔개, 아동용 비닐 가운, 그림 말리는 대 및 칼, 송곳, 접착제 등의 교사용 비품

미술 영역

(7) 대근육 영역

영유아의 대근육 발달을 증진시키기 위해서는 고정된 시설 외에 유아의 발달 수준, 흥미, 놀이의 종류에 따라 유동적 시설을 함께 비치한다. 무엇보다도 영유아의 대 · 소근육 발달을 돕기 위한 실내외 공간을 충분히 확보한다.

고정된 설비	모래밭, 물놀이 영역, 뱃놀이 집, 복합 놀이터, 그네, 사각 정글짐, 타이어 정글짐, 말, 통나무 오르내리기, 동물 기르는 축사, 식물 기르는 영역, 통나무 의자
유동적인 교구	점핑 바운스, 터널, 줄사다리, 삼각 받침대와 안전 널빤지, 안전 사다리, 사다리 놀이 집, 농구대, 축구 골대, 흔들 배, 자전거, 운전차, 끌차, 소방 놀이 기구, 목공 놀이 기구, 신체 기구(훌라후프, 낙하산, 줄넘기, 스트레치 루프, 풍선 채, 수술, 각종 공)
일상 용품	스카프, 리본, 천 조각, 보자기, 고무줄, 풍선, 막대, 우산, 전화기

대근육 영역

실제편

제 2 부

유아교육기관 현장에서 교과교재 연구

/교/과/교/재/연/구/및/지/도/법/

제 1 장

만 1세를 위한 교재교구 활동

표준보육과정 영역	활동 번호	교구교재 활동명
기본생활	1	백업 기차 놀이
신체운동	2	동물 안전거울
	3	단추 끼우기
	4	토끼 감각 발달 놀이
	5	고리 넣기
	6	까꿍, 나는 누구일까요?
의사소통	7	동물 주사위
사회관계	8	주걱 거울
예술경험	9	동물 딸랑이
	10	핸드벨 흔들기
자연탐구	11	도깨비 리본 흔들기
	12	촉감 신발
	13	동물 맞추기
	14	고무신 촉감 신발

활동 1 백업 기차놀이

연령	영역
만 1세	기본생활

활동 목표

기본생활>안전하게 생활하기>안전하게 지내기>안전한 상황에서 놀이한다.

- 친구를 밀지 않고 앞 친구와 안전거리를 유지하며 걷는다.
- 보폭을 조절하여 걷는다.

사회관계>더불어 생활하기>또래에 관심 갖기>다른 영아와 함께 지내는 것을 경험한다.

- 친구와 함께 놀이하는 즐거움을 경험한다.

활동 자료

백업(노란색, 빨간색), 벨크로 테이프, 펠트지(빨간색, 분홍색, 주황색, 노란색), 눈알, 가위

제작 방법

1. 백업을 원형으로 만든 후 고정시킨다.
2. 펠트지를 다양한 모양(애벌레 등)으로 오린 후 꾸민다.
3. '2' 가 완성되면 '1' 에 부착한다.
4. 원하는 만큼 '3' 을 만든다.
5. 벨크로 테이프를 잘라 앞뒷면을 연결한 후 백업 중앙에 고정시킨다.

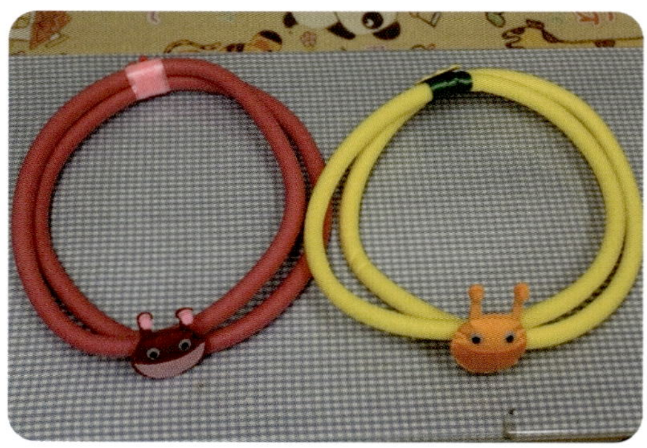

활동 방법

1. 원형 백업을 몸에 끼운다.
2. 양손으로 백업을 잡고 걷는다.
3. 벨크로 테이프로 백업을 연결하여 기차 모양이 되게 한다.
4. 앞 친구와 안전거리를 유지하며 친구를 밀지 않고 걷는다.

참고 사항

1. 영아가 걸을 때 숫자를 세어 걷는 속도를 조절할 수 있다.
2. 함께 걷기 정도에 따라 영아의 수를 조절할 수 있다.

활동 2 동물 안전거울

연령	영역
만 1세	신체운동

활동 목표

신체운동 > 감각과 신체 인식하기 > 신체 탐색하기 > 주요 신체 부분의 움직임을 탐색한다.

- 거울에 비친 자신의 신체를 탐색한다.
- 신체 각 부분의 명칭을 안다.
- 신체 움직임을 탐색한다.

활동 자료

기린 얼굴 도안(앞, 뒷면), 펠트지(노란색, 갈색, 초록색, 검정색, 주황색 등), 안전거울, 실, 바늘, 레이스, 가위

제작 방법

1. 여러 가지 색의 펠트지를 준비한다.
2. 기린 모양 도안대로 앞, 뒷면의 펠트지를 재단한다.
3. 재단된 앞면에 바느질로 스티치 모양을 낸다.
4. 재단된 펠트지 사이에 안전거울을 부착시키고 바느질로 마감한다.
5. 기린 얼굴 위에 눈과 무늬를 만들고 레이스로 꾸민다.

활동 방법

1. 거울을 보면서 거울 속에 무엇이 보이는지 이야기 나눈다.
2. 거울 속에 보이는 신체 부위의 이름을 알려 준다.
3. 영아와 함께 몸을 움직이면서 거울을 통해 움직임을 탐색한다.

참고 사항

1. 거울의 크기를 다양하게 하여 신체의 부분부터 전체를 볼 수 있다.

활동 3 단추 끼우기

연령	영역
만 1세	신체운동

활동 목표

신체운동>신체 조절과 기본 운동하기>소근육 조절하기>눈과 손을 협응하여 소근육을 활용해 본다.

- 눈과 손의 협응력을 기른다.
- 소근육을 조절한다.

자연탐구>탐구하는 태도 기르기>탐색 시도하기>나와 주변 사물을 감각으로 탐색한다.

- 곤충의 모양에 관심을 가지고 탐색한다.

활동 자료

곤충 도안, 펠트지, 실, 바늘, 여러 가지 재료(단추, 똑딱단추 등), 글루건, 가위

제작 방법

|곤충|

1. 도안대로 펠트지를 2장씩 오린다. (잠자리, 무당벌레, 벌, 지렁이, 달팽이, 애벌레, 나비 모양)
2. 모양 바닥면에 똑딱단추를 바느질한다.
3. 오려 놓은 펠트지 사이에 솜을 넣고 버튼홀스티치로 마감한다.

|낙엽|

1. 펠트지를 2겹으로 겹친 후 도안대로 7장 오린다.
2. 펠트지 중앙에 똑딱단추를 바느질한다.
3. 펠트지 아랫부분에 일반 단추를 바느질한다.
4. 낙엽 윗부분 2장을 겹쳐 칼집을 내고 버튼홀스티치로 마무리한다.
5. 낙엽에 줄무늬 모양으로 바느질하고 버튼홀스티치로 테두리를 마감한다.
6. 곤충 이름 모양으로 펠트지를 오린 후 글루건으로 붙인다.

활동 방법

1. 낙엽에 부착된 똑딱단추의 위치를 맞추어 영아가 끼운다.
2. 단추와 단추 구멍의 위치를 맞추어 영아가 끼운다.
3. 도움 없이 영아 혼자서 할 수 있도록 유도한다.
4. 낙엽을 연결한 후 낙엽 위의 곤충에 대해 이야기 나눈다.
5. 영아와 함께 단추를 떼어 낙엽을 분리시킨다.

참고 사항

1. 영아가 혼자서도 할 수 있도록 크기가 큰 단추를 부착한다.
2. 느낌이 다른 재료를 사용하여 곤충을 꾸민 후 촉감 자료로 사용할 수 있다.

활동 4 토끼 감각 발달 놀이

연령	영역
만 1세	신체운동

활동 목표

신체운동>신체 조절과 기본 운동하기>소근육 조절하기>눈과 손을 협응하여 소근육을 활용해 본다.

- 신체 각 부분의 명칭을 안다.
- 눈과 손의 협응력을 기른다.
- 재료의 종류에 따라 소근육을 조절한다.

활동 자료

토끼 모양 도안, 펠트지(검정색, 분홍색, 흰색, 녹색, 보라색, 노란색, 주황색, 빨간색 등), 레이스, 여러 가지 단추, 지퍼, 리본줄, 고무줄, 가위, 글루건

제작 방법

1. 준비된 도안대로 펠트지를 재단한다.
2. 재단된 부분을 연결한다.
3. 다양한 방법으로 조작할 수 있도록 단추, 지퍼, 레이스 등의 재료를 부착한다.
4. 검정색 펠트지 위에 완성된 '3'을 글루건으로 붙인다.

활동 방법

1. 토끼를 보면서 신체 부위에 대해 이야기 나눈다.
2. 교사가 시범을 보인 후 영아가 따라 하도록 한다.
3. 영아가 도구에 맞는 방법으로 조작할 수 있도록 유도한다.
4. 영아가 토끼의 모든 부분을 조작할 수 있도록 한다.

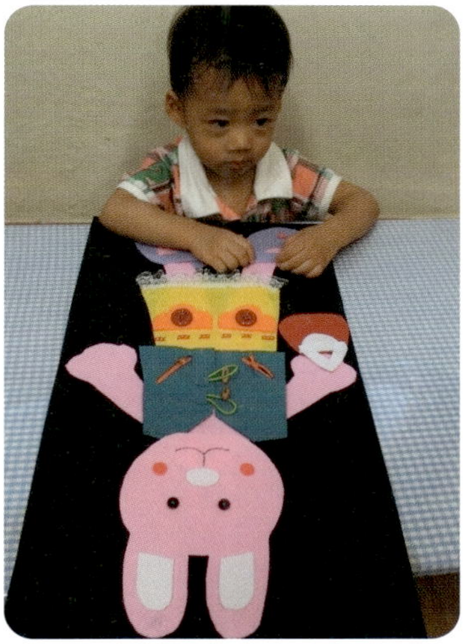

참고 사항

1. 신체 부위별로 다른 조작 방법의 재료를 부착하여 다양한 활동을 할 수 있다.
2. 영아에게 "토끼 ○○에 있는 지퍼 올리기 해 볼까?" 등으로 질문하여 신체 부위에 대해 관심을 갖도록 할 수 있다.

활동 5 고리 넣기

연령	영역
만 1세	신체운동

활동 목표

신체운동>신체 조절과 기본 운동하기>소근육 조절하기>눈과 손을 협응하여 소근육을 활용해 본다.

- 눈과 손을 협응하여 소근육을 조절한다.
- 양손으로 물체를 잡는 경험을 한다.

자연탐구>수학적 탐구하기>수량 지각하기> '한 개' 와 '여러 개' 를 구별한다.

- 수량에 관심을 갖는다.

활동 자료

재활용 종이 상자, 백업, 펠트지, 방울솜, 실, 바늘, 가위, 글루건

제작 방법

|고리|

1. 펠트지 두 장을 같은 크기의 모양으로 오린다.
2. 펠트지 두 장을 버튼홀스티치 방법으로 바느질하여 연결한다.
3. 연결된 펠트지 안에 방울솜을 넣은 후 바느질로 마감한다.

|고리막대|

1. 종이 상자를 펠트지로 감싸 글루건을 붙인다.

2. 백업을 초록색 펠트지로 감싸 글루건으로 붙인 후 상자 중앙에 바느질로 고정한다.

활동 방법

1. 영아와 함께 고리막대와 고리를 탐색한다.
2. 고리를 양손으로 잡아서 고리막대에 끼운다.
3. 영아가 고리를 끼울 때 고리의 수에 맞추어 숫자를 말해 준다.
4. 고리를 위로 뺀 후 활동을 반복한다.

참고 사항

1. 고리의 가운데 부분을 고리막대보다 크게 하여 영아가 쉽게 끼울 수 있게 한다.
2. 활동에 익숙해지면 고리의 크기순으로 끼울 수 있다.

활동 6 까꿍, 나는 누구일까요?

연령	영역
만 1세	신체운동

활동 목표

신체운동 > 신체 조절과 기본 운동하기 > 소근육 조절하기 > 눈과 손을 협응하여 소근육을 활용해 본다.

- 눈과 손을 협응하여 힘을 조절한다.
- 양손을 대칭으로 움직인다.

자연탐구 > 과학적 탐구하기 > 주변 동식물에 관심 가지기 > 주변 동식물의 모양, 소리, 움직임에 관심을 갖는다.

- 바다에 살고 있는 생물에 대해 관심을 갖는다.

활동 자료

재활용 떠먹는 요구르트 용기, 펠트지, 접착식 펠트지, 고무줄, 방울솜, 방울, 가위, 송곳

제작 방법

1. 바다 생물 모양으로 펠트지를 2장씩 오린다.
2. 오린 펠트지 두 장을 겹쳐 1/5 정도 남기고 바느질한다.
3. 바느질하지 않은 부분으로 방울솜을 넣은 후 마감한다.
4. '3'의 양쪽 끝에 고무줄을 단단

히 고정시킨다.

5. 재활용 요구르트 용기 밑부분에 송곳으로 구멍을 뚫는다.
6. 요구르트 용기 두 개를 마주 보도록 겹친 후 '4'를 안에 넣는다.
7. 용기 안에 있는 고무줄로 구멍을 통과시켜 바깥쪽에 고정시킨다.
8. 접착식 펠트지로 용기를 꾸민다.

활동 방법

1. 영아가 원하는 컵을 선택한다.
2. 컵 안에 무엇이 들어 있을지 이야기 나눈다.
3. 컵의 양쪽을 잡고 빠르게 잡아당겨 영아가 무엇이 있는지 본다.
4. 컵을 천천히 잡아당긴 후 안에 들어 있는 바다 생물에 대해 이야기 나눈다.
5. 영아가 컵의 양쪽을 잡고 당겨 본다.
6. 컵 안에 있는 바다 생물이 보일 때까지 힘을 주어 당겨 본다.

참고 사항

1. 플라스틱 용기 안쪽에도 펠트지를 부착하여 용기가 깨지지 않도록 한다.
2. 고무줄의 두께를 다르게 하여 힘을 조절할 수 있도록 한다.
3. 다양한 모양을 컵 안에 넣어 수수께끼 자료로 활용할 수 있다.

활동 7 동물 주사위

연령	영역
만 1세	의사소통

활동 목표

의사소통>말하기>발성과 발음으로 소리 내기>교사의 말을 모방하여 발음한다.

- 동물의 이름을 말로 표현한다.
- 동물의 울음소리를 흉내 낸다.

신체운동>신체 조절과 기본 운동하기>소근육 조절하기>눈과 손을 협응하여 소근육을 활용해 본다.

- 손 근육을 조절해 본다.

활동 자료

동물 모양 도안, 펠트지, 실, 바늘, 육각 스펀지(10cm), 비즈, 방울, 가위

제작 방법

1. 동물 모양 도안대로 펠트지를 오린다.
2. 펠트지를 10cm×10cm 크기로 오린 후 위에 동물 모양 도안대로 '1' 을 바느질한다.
3. 육각 스펀지에 칼집을 내고 스펀지 안에 방울을 넣는다.
4. 스펀지의 여섯 면에 동물 펠트지를 대고 테두리를 바느질한다.
5. 모든 동물들의 눈을 비즈로 바느질하여 붙인다.

활동 방법

1. 영아와 함께 주사위의 동물을 탐색한다.
2. 주사위를 흔들어 소리를 듣는다.
3. 영아가 주사위를 던진다.
4. 주사위 윗면에 있는 동물의 이름을 영아에게 말해 준다.
5. 동물의 울음소리를 흉내 내어 영아가 모방하도록 한다.

참고 사항

1. 영아가 주사위를 자유롭게 흔들고 던질 수 있다.
2. 여러 개의 주사위를 늘어놓거나 쌓을 수 있다.
3. 동물 모양 안에 동물 울음소리 멜로디 칩을 넣어 눌러 볼 수 있다.

활동 8 주걱 거울

연령	영역
만 1세	사회관계

활동 목표

사회관계>나를 알고 존중하기>나를 구별하기>거울 속의 나를 알아본다.

- 나의 모습을 인식한다.
- 감정을 표정으로 표현할 수 있다.
- 얼굴 표정을 모방할 수 있다.

활동 자료

나무주걱, 거울지, 펠트지, 방울, 벨크로 테이프, 코팅한 영아들 사진, 가위

제작 방법

1. 나무주걱의 둥근 부분에 거울지를 오려붙인다.
2. 펠트지 위에 나무주걱을 놓고 도안을 그린다.
3. 나무주걱 앞부분을 감쌀 주걱 모양 펠트지는 거울지가 보이도록 안을 둥글게 잘라 주고, 뒷부분에 쓰일 주걱 모양 펠트지 안을 반원형으로 잘라 준다.
4. 잘라 둔 펠트지 안에 주걱을 넣은 후 바느질한다.
5. 나무주걱 거울 뒷부분 반원형 안에 코팅한 영아들의 사진을 붙인 후 사진 아래에 밸크로테이프를 붙인다.
6. 주걱 맨 위 가운데에 방울을 바느질하여 매단다.

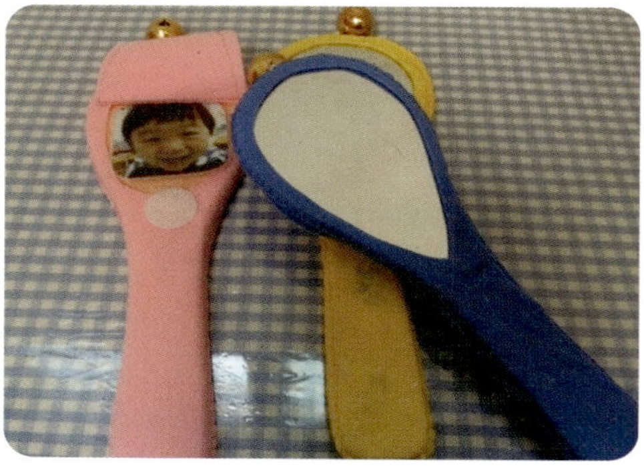

활동 방법

1. 교구를 보며 어떤 물건일지 알아본다.
2. 거울을 들고 자신의 모습을 관찰한다.
3. 거울을 뒤집어 뒤에 있는 사진을 보고 친구들이 어떤 표정을 하고 있는지 이야기 나눈다.
4. 사진을 보고 표정을 모방한다.

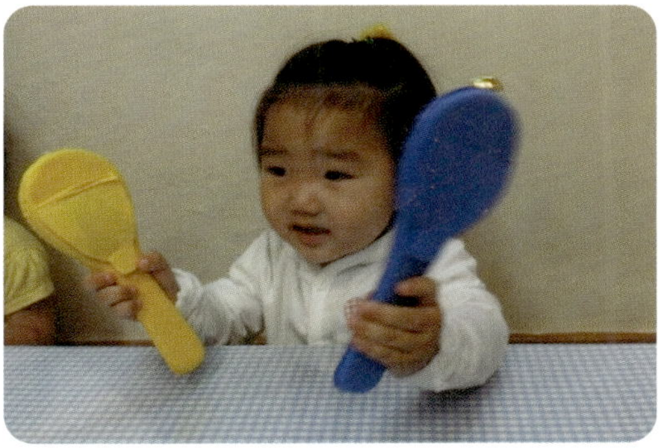

참고 사항

1. 주걱의 끝부분에 구멍을 뚫어 끈으로 연결하여 벽면에 걸어 두고 일상에서 영아들이 자연스럽게 거울을 볼 수 있도록 배치해 둔다.

활동 9 동물 딸랑이

연령	영역
만 1세	예술경험

활동 목표

예술경험>예술적 표현하기>움직임으로 반응하기>간단한 도구를 활용하여 움직인다.

- 물체를 흔들어 소리를 낸다.
- 음악에 맞추어 흔드는 속도를 조절한다.

활동 자료

펠트지(파란색, 하늘색), 방울솜, 방울, 검정색 눈, 바늘, 실, 가위

제작 방법

1. 파란색 종류의 펠트지를 준비한다.
2. 토끼의 모양에 따라 재단을 한다.
3. 재단된 토끼 모양 안에 방울솜과 소리가 나는 방울을 넣는다.
4. 재단된 모양을 바느질한 후 토끼의 모양을 꾸며 준다.

활동 방법

1. 동물의 이름을 알아본다.
2. 딸랑이를 흔들어 봄으로써 소리에 귀 기울여 본다.
3. 소리가 나는 곳을 찾아본다.

참고 사항

1. 방울의 수에 따라 딸랑이의 소리가 달라짐을 알 수 있다.

활동 10 핸드벨 흔들기

연령	영역
만 1세	예술경험

활동 목표

예술경험>예술적 표현하기>리듬 있는 소리로 반응하기>리듬과 노래에 소리로 반응한다.

- 음악에 맞추어 악기를 흔들 수 있다.
- 음악에 맞추어 노래를 부를 수 있다.

자연탐구>수학적 탐구하기>차이를 지각하기>주변 사물의 차이를 지각한다.

- 사물 종류에 따른 소리의 차이를 인식한다.

활동 자료

재활용 떠먹는 요구르트 용기, 나무막대(15cm), 유성매직, 다양한 곡물(깨, 쌀, 콩, 팥 등), 투명 필름지, 모루, 모양끈, 가위, 글루건

제작 방법

1. 떠먹는 요구르트 용기에 다양한 색의 유성매직으로 색칠을 한다.
2. 떠먹는 요구르트 용기를 뒤집어 구멍을 내어 둥근 나무막대를 고정시킨다.
3. 용기 안에 곡물을 넣는다.
4. 용기 입구를 글루건을 이용해 투명 필름지로 붙여 마감한다.
5. 모루, 모양끈으로 장식한다.

활동 방법

1. 핸드벨을 한 번씩 흔들어 보며 소리를 들어 본다.
2. 속도를 조절하여 핸드벨을 흔든다.
3. 소리의 차이에 대해 이야기 나눈다.
4. 영아와 함께 노래에 맞춰 신나게 흔든다.

참고 사항

1. 손의 움직임에 따라 소리가 달라짐을 느끼도록 유도한다.
2. 곡식 이외에도 소리가 나는 재료를 이용하여 만들 수 있다.

활동 11 도깨비 리본 흔들기

연령	영역
만 1세	자연탐구

활동 목표

자연탐구>탐구하는 태도 기르기>탐색 시도하기>주변의 사물에 대해 의도적인 탐색을 시도한다.

- 물체의 모양과 소리를 탐색한다.

예술경험>예술적 표현하기>움직임으로 반응하기>간단한 도구를 활용하여 움직인다.

- 몸을 움직여 리본으로 표현한다.
- 음악에 맞추어 소리를 낸다.

활동 자료

도깨비 얼굴 도안, 펠트지(노란색, 주황색, 파란색, 빨간색 등), 레이스, 리본줄, 눈알, 구슬, 방울, 잡곡, 재활용 페트병, 가위

제작 방법

1. 도깨비 모양 도안대로 펠트지를 오린다.
2. 오린 펠트지 위에 도깨비 얼굴을 꾸민다.
3. 페트병 안에 구슬, 방울, 잡곡을 종류별로 넣은 후 뚜껑을 고정시킨다.
4. 페트병을 꾸민 후 리본줄을 붙인다.

5. 리본을 고정한 윗부분에 도깨비 모양 펠트지를 붙여 마무리한다.

활동 방법

1. 영아와 함께 페트병 안에 있는 물체를 탐색하며 이야기 나눈다.
2. 악기를 원 모양으로 움직여 리본을 움직이도록 한다.
3. 노래에 맞추어 악기를 흔들며 여러 가지 소리를 낸다.

참고 사항

1. 리본줄을 30cm 이하로 하여 안전사고를 방지하도록 한다.
2. 악기 움직이는 방법을 달리하여 리본의 모양을 다양하게 만들도록 유도한다.
3. 악기를 양손에 들고 악기 연주와 신체 표현을 동시에 하도록 할 수 있다.

활동 12 촉감 신발

연령	영역
만 1세	자연탐구

활동 목표

자연탐구>탐구하는 태도 기르기>탐색 시도하기>주변의 사물에 대해 의도적인 탐색을 시도한다.

- 다양한 사물을 탐색한다.
- 사물에 따른 촉감 차이를 인식한다.

신체운동>신체 조절과 기본 운동하기>기본 운동하기>걷기 등 이동운동을 시도한다.

- 다양한 촉감의 신발을 신고 제자리에서 걷는다.

활동 자료

발 모양 도안, 다양한 느낌의 천, EVA, OHP 필름, 레이스, 뽕뽕이, 스펀지, 리본, 사포, 방울, 실, 바늘, 가위

제작 방법

1. 영아의 발 크기에 맞게 EVA를 오린다.
2. EVA 1개를 천으로 감싼 후 천 위에 촉감 재료를 바느질한다.
3. OHP 필름을 천으로 감싸 신발의 발등 부분으로 연결한다.
4. 레이스와 방울로 신발을 꾸민다.
5. 신발 바닥면에 사포를 붙인다.

활동 방법

1. 영아에게 신발을 만져 보도록 한 후 느낌에 대해 이야기 나눈다.
2. 신발을 신고 제자리에서 걸어 본다.
3. 신발을 신었을 때의 느낌에 대해 이야기 나눈다.
4. 다양한 신발을 신어 본다.

참고 사항

1. 신발 위의 재료가 떨어지지 않도록 단단히 바느질한다.
2. 영아가 균형을 잡을 수 있도록 평평한 바닥 위에서 활동한다.
3. 양쪽 발에 다른 종류의 신발을 신고 차이를 느낀다.

활동 13 동물 맞추기

연령	영역
만 1세	자연탐구

활동 목표

자연탐구>수학적 탐구하기>차이를 지각하기>주변 사물의 모양을 지각한다.

- 같은 모양을 일대일로 대응시킨다.

자연탐구>과학적 탐구하기>주변 동식물에 관심 가지기>주변 동식물의 모양, 소리, 움직임에 관심을 가진다.

- 동물의 생김새를 안다.
- 동물의 소리를 구분한다.

활동 자료

동물 도안, 펠트지, 자석, 동물 울음소리 멜로디 칩, EVA, 방울솜, 가위, 바늘, 실

제작 방법

1. 동물 도안대로 펠트지 2장을 오린다.
2. 동물 모양 펠트지를 2등분(세로)한 후 동물 울음소리 멜로디 칩을 각각 넣고 동물 모양으로 꾸민다.
3. 2등분한 동물 모양 펠트지의 이음새를 제외한 앞면과 뒷면을 버튼홀 스티치로 바느질하여 연결한다.
4. '3' 안에 방울솜을 넣은 후 자석을

붙인 EVA로 마감하고 펠트지로 감싼다.

활동 방법

1. 영아가 같은 모양의 동물을 고르도록 유도한다.
2. 영아가 고른 동물 모양을 맞는지 붙여 보도록 한다.
3. 양쪽의 멜로디 칩을 눌러 같은 울음소리가 나는지 들어 본다.
4. 울음소리를 들으면서 동물의 이름을 말해 보도록 한다.

참고 사항

1. 동물 모양, 이름, 울음소리를 연결할 수 있도록 반복하여 활동한다.
2. 자석의 위치와 방향을 조절하여 같은 동물일 경우에만 부착되도록 제작할 수 있다.

활동 14 고무신 촉감 신발

연령	영역
만 1세	자연탐구

활동 목표

자연탐구>수학적 탐구하기>차이를 지각하기>주변 사물의 차이를 지각한다.

- 고무신을 신고 서로 다른 촉감을 느낄 수 있다.
- 왼발 오른발을 구별하여 신을 수 있다.
- 고무신 짝을 맞추면서 1:1 대응 개념을 알게 한다.

활동 자료

고무신 3켤레, 여러 가지 크기의 뽕뽕이, 금색 모루, 구슬, 장식용 꽃, 글루건

제작 방법

1. 여러 색깔의 고무신을 준비한다.
2. 준비된 고무신 안에 글루건을 이용해 준비해 둔 뽕뽕이, 금색 모루, 구슬을 붙인다.
3. 글루건을 이용해 장식용 꽃을 고무신 앞쪽에 붙여 준다.

활동 방법

1. 영아별로 서로 다른 고무신을 신어 본다.
2. 부드러운 느낌, 까칠한 느낌, 딱딱한 느낌 등을 표현한다.
3. 양발(오른발, 왼발)에 느낌이 다른 고무신을 신어 본다.

참고 사항

1. 고무신 신발을 정리할 수 있는 상자를 마련해 주도록 한다.
2. 촉감 재료들이 들어가지 않은 고무신을 준비해 함께 신어 볼 수 있다.

제 2 장

만 2세를 위한 교재교구 활동

표준보육과정 영역	활동 번호	교재교구 활동명
기본생활	1	치카치카 이 닦기
신체운동	2	동물 DDR
	3	물고기 단추 끼우기
	4	누가 먼저 돌아올까?
	5	냠냠! 먹이 먹기
	6	모양 꿰기
	7	동물 옷 입히기
	8	감각 주사위
	9	오징어 다리는 몇 개일까?
	10	공을 던져 보아요
의사소통	11	조각 그림 단어 맞추기
	12	자동차 독서대

표준보육과정 영역	활동 번호	교재교구 활동명
사회관계	13	쿵짝 드럼
	14	케이크를 만들어요
	15	화장실에 가면
예술경험	16	칫솔 리듬막대
	17	가발 놀이
	18	병원놀이
	19	두드려 보아요
	20	양말 쉐이커
	21	빨래판 악기
자연탐구	22	느낌이 달라요
	23	동물 없어진 곳 찾기
	24	피자 토핑 얹기
	25	배고픈 말
	26	기차놀이
	27	누가 더 무거울까?

활동 1 치카치카 이 닦기

연령	영역
만 2세	기본생활

활동 목표

기본생활>건강하게 생활하기>몸을 깨끗이 하기>스스로 이 닦기를 시도한다.

- 이 닦는 경험을 한다.
- 이 닦는 순서를 안다.

신체운동>신체 조절과 기본 운동하기>소근육 조절하기>눈과 손을 협응하여 소근육을 조절해 본다.

- 눈과 손을 협응하여 이를 닦는다.

활동 자료

뚜껑이 달린 하얀색 계란판 2개, 펠트지(초록색, 연한 핑크색), 눈알 2개, 모루(초록색, 연한 핑크색), 양치 순서 도안, 솔, 치약, 방울솜, 실, 두꺼운 도화지, 칼, 가위, 글루건, 고리

제작 방법

|악어|

1. 계란판 2개를 각각 볼록한 부분이 'ㄷ' 자가 되도록 남기고 가운데를 오려 낸다.
2. 오려 낸 부분에 두꺼운 도화지를 붙이고 연한 핑크색 펠트지를 잘라 각각 붙인다.
3. 뚜껑을 닫아 겉면에 초록색 펠트지로 싼다.
4. 두꺼운 도화지를 직사각형으로 잘라 한 면에는

연한 핑크색, 한 면은 초록색 펠트지를 붙인다.
5. '4'를 2개의 계란판 각 짧은 부분에 반면씩 붙여서 계란판 2개를 연결한다.
6. 초록색 펠트지를 오려 솜을 넣고 꿰맨 후 한 면에 눈알을 붙인다.
7. 빨간색 펠트지를 오려 솜을 넣고 꿰매 혀를 만든다.
8. 악어 눈과 혀, 모루를 악어 얼굴의 형태에 맞게 꾸민다.

|이 닦기 순서표|

1. 이 닦는 순서의 도안을 찾아 위에는 도안, 밑에는 한글로 하여 워드 작업을 한다.
2. 인쇄하여 코팅을 하고 고리를 끼운다.

활동 방법

1. 이를 닦아야 하는 중요함에 대해 이야기를 나눈다.
2. 이 닦기 카드를 보면서 함께 이야기한다.
3. 교사가 악어 모형을 보여 주며 솔을 들고 이 닦는 시범을 보인다.
4. 영아가 직접 이 닦기 카드를 보면서 흉내를 내 본다.

참고 사항

1. 악어와 관련된 음률이나 역할놀이 시 활용할 수 있다.

활동 2 동물 DDR

연령	영역
만 2세	신체운동

활동 목표

신체운동>신체 조절과 기본 운동하기>대근육 조절하기>팔, 다리, 목, 허리 등의 움직임을 조절한다.

- 발과 다리의 움직임을 조절한다.

의사소통>듣기>짧은 문장 듣고 알기>친숙한 짧은 문장을 듣고 반응한다.

- 지시에 맞추어 몸을 움직인다.
- 동물의 이름을 듣고 위치를 찾는다.

활동 자료

동물 도안, 흰 부직포, 펠트지(빨간색, 노란색, 파란색, 초록색, 검정색), 코팅지, PVC 필름, 색상지(빨간색, 노란색, 파란색, 초록색, 검정색, 흰색), 나무젓가락, 초록색 마스킹 테이프, 가위

제작 방법

|동물 피켓|

1. 각각 다른 네 가지 동물 도안을 출력한다.
2. 출력한 도안을 오려 각각 다른 네 가지 색의 색상지 위에 붙인 후 동그랗게 오리고 코팅한다.
3. 나무젓가락으로 손잡이를 만든다.

|동물 DDR|

1. 동물 피켓과 같은 네 가지 동물 도안을 출력한 후 코팅한다.
2. 동물 피켓과 같은 색상의 펠트지 위에 부착한다.
3. 색상 펠트지를 흰 부직포 위에 동서남북 방향으로 부착한다.
4. 검정색 펠트지로 발자국 모양을 만들어 가운데에 부착한다.
5. PVC 필름으로 윗면, 아랫면을 감싸고 고정한다.
6. 초록색 마스킹 테이프로 테두리를 감싼 후 마무리한다.

활동 방법

1. 동물 피켓을 보여 주며 어떤 동물이 있는지 색상과 매치시키며 이야기 나눈다.
2. 동물 DDR 위에 올라서서 지시하는 동물 모양을 밟아 본다.
3. 동물 피켓을 보여 주며 피켓의 그림과 일치하는 동물 그림을 찾아 밟아 본다.

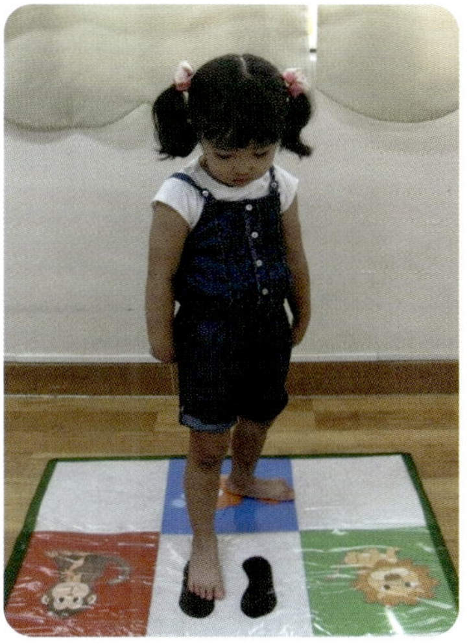

참고 사항

1. 활동이 익숙해지면 빠르기를 다르게 하여 활동할 수 있다.
2. 피켓 사용 방법을 익힐 수 있도록 하여 친구와 같이 활동할 수 있다.
3. 유아의 경우 그림의 종류와 가짓수를 다르게 하여 활동할 수 있다.

활동 3 물고기 단추 끼우기

연령	영역
만 2세	신체운동

활동 목표

신체운동>신체 조절과 기본 운동하기>소근육 조절하기>눈과 손을 협응하여 소근육을 조절해 본다.

- 눈과 손의 협응력을 기른다.
- 소근육을 조절하여 단추를 끼운다.

활동 자료

무지개색 펠트지, 물고기 모양, 색단추, 색실

제작 방법

1. 무지개색의 펠트지를 준비한다.
2. 물고기 모양으로 펠트지를 자른다.
3. 물고기 색과 같은 색의 단추를 같은 색의 실로 꿰맨다.
4. 단추와 물고기의 색을 함께 맞추어 연결한다.

활동 방법

1. 무지개색을 알아본다.
2. 단추의 색과 물고기의 색을 맞추어 본다.
3. 맞추어 본 색에 단추를 끼운다.

참고 사항

1. 물고기의 수를 세며 활동할 수 있다.
2. 하트의 개수가 똑같은 물고기를 찾아 짝을 짓는 활동을 할 수 있다.

활동 4 누가 먼저 돌아올까?

연령	영역
만 2세	신체운동

활동 목표

신체운동>신체 조절과 기본 운동하기>기본 운동하기>걷기, 계단 오르기 등 이동운동을 한다.

- 사물의 균형을 유지하면서 걷는다.
- 정해진 거리만큼 이동한다.

사회관계>더불어 생활하기>사회적 가치를 알기>순서를 기다린다.

- 차례대로 게임에 참여한다.

활동 자료

여러 가지 색의 펠트지, 바늘, 실, 글루건, 운동화끈, 풍선 막대 등

제작 방법

1. 분홍색 펠트지로 오리의 몸을 재단하고 색깔별로 오리 입과 날개, 바퀴, 애벌레 모양을 함께 각각 2장씩 재단한다.
2. 몸통의 두 부분과 오리 입, 바퀴를 2장씩 연결하여 버튼홀스티치로 바느질한다.
3. 2개의 바퀴를 연결하기 위해 풍선 막대를 이용하여 그 위에 펠트지를 연결한 후 2개의 바퀴에 구멍을 뚫어 연결해 준다.
4. 오리의 입과 애벌레의 입에 각각 운동화끈을 연결한다.
5. 오리의 몸통과 바퀴를 연결하여 바퀴가 달린 오리를 완성한다.

활동 방법

1. 유아를 두 팀으로 나누고 게임의 규칙을 설명한다.
2. 두 명의 유아가 오리를 한 개씩 갖고 출발선에 선다.
3. 출발선에서 10m 정도 떨어진 곳에 반환점을 세운다.
4. 교사의 호루라기 소리에 맞추어 오리를 끌고 반환점을 돌아온다.
5. 한 명의 유아가 끝나면 다음의 유아가 연결하여 반환점을 돌고 먼저 돌아온 팀이 이긴다.

참고 사항

1. 운동화끈의 길이를 조절하여 난이도를 조절할 수 있다.

활동 5 냠냠! 먹이 먹기

연령	영역
만 2세	신체운동

활동 목표

신체운동>신체 조절과 기본 운동하기>대근육 조절하기>팔, 다리, 목, 허리 등의 움직임을 조절한다.

- 눈과 손의 협응력을 기른다.
- 팔의 움직임을 조절한다.
- 정해진 방법에 따라 놀이하는 경험을 한다.

활동 자료

뜰채, 펠트지, 눈알, 고무줄, 리본 끈, 방울솜, 가위

제작 방법

1. 뜰채의 크기에 맞게 펠트지에 동물 도안을 그린다.
2. 동물 도안의 입 부분을 자른다.
3. 완성된 동물 도안을 뜰채에 붙여 준다.
4. 고무줄에 펠트지로 만든 당근, 생선을 붙여 준다.
5. 뜰채의 윗부분에 고무줄 길이가 15~20 cm 되도록 붙여 준다.
6. 뜰채의 손잡이 윗 부분에 리본 끈을 붙여 준다.

활동 방법

1. 동물을 보며 어떤 음식을 먹는지 이야기 나눈다.
2. 한 손으로 교구를 들고 팔을 흔들어 고무줄 끝에 있는 음식이 동물의 입 속으로 들어가는 연습을 한다.
3. 2～3명의 영아가 '그대로 멈춰라' 노래에 맞추어 누가 먼저 입 속에 음식을 넣는지 활동을 한다.
4. 먼저 입 속에 먹이를 넣는 영아가 승리한다.

참고 사항

1. 연령이 높은 유아들이 할 때에는 고무줄의 위치를 손잡이 바로 위 리본 끈을 붙인 곳에 고정해 주고 고무줄의 길이도 30～40cm로 늘려 활동을 할 수 있다.

활동 6 모양 꿰기

연령	영역
만 2세	신체운동

활동 목표

신체운동>신체 조절과 기본 운동하기>소근육 조절하기>눈과 손을 협응하여 소근육을 조절해 본다.

- 눈과 손의 협응력을 기른다.
- 소근육을 조절하여 끈을 끼운다.

자연탐구>수학적 탐구하기>공간과 도형에 관심 가지기>주변 사물의 모양에 관심을 가진다.

- 다양한 모양을 탐색한다.

활동 자료

다양한 색의 펠트지, 색 끈, 가위, 펀치

제작 방법

1. 펠트지 위에 다양한 모양을 그린다.
2. 모양을 따라 2장씩 오린다.
3. 2장의 펠트지를 겹쳐 바느질한다.
4. 다른 색 펠트지를 오려 꾸민다.
5. 바느질을 마친 모양에 펀치를 이용하여 양쪽 끝에 구멍을 뚫어 준다.

활동 방법

1. 다양한 모양을 보며 어떤 모양인지 알아본다.
2. 내가 좋아하는 모양의 순서대로, 또는 간단한 패턴(예를 들어, 꽃-사과-꽃-사과)대로 바닥에 놓아 본다.
3. 바닥에 놓인 모양의 구멍으로 끈을 넣었다 빼며 꿰어 본다.
4. 모양을 모두 끈에 꿰어 목걸이를 만든다.

참고 사항

1. 연령을 높여 가위바위보를 하여 이긴 사람이 하나씩 꿰어 보는 게임 활동을 할 수 있다.

활동 7 동물 옷 입히기

연령	영역
만 2세	신체운동

활동 목표

신체운동>신체 조절과 기본 운동하기>소근육 조절하기>눈과 손을 협응하여 소근육을 조절해 본다.

- 눈과 손의 협응력을 기른다.

자연탐구>과학적 탐구하기>주변 동식물에 관심 가지기>주변 동식물의 모양, 소리, 움직임에 관심을 가진다.

- 동물의 이름을 안다.
- 동물 생김새의 차이를 인식한다.

활동 자료

펠트지, 방울솜, 가위, 바늘, 실

제작 방법

1. 살색 펠트지에 머리, 팔, 다리를 그린다.
2. 펠트지 두 장을 겹쳐 도안을 따라 오린다.
3. 오린 펠트지를 버튼홀스티치로 이용해 바느질한다.
4. 바느질을 다하기 전 방울솜을 채우고 바느질을 마무리한다.
5. 여러 색의 펠트지에 동물 모양 그림을 그려 두 장으로 오린다.
6. 한 장의 펠트지에 동물 특징이 나타나도록 꾸민다.
7. 나머지 한 장은 가로로 자른다.
8. 다양한 무늬로 꾸며 준 펠트지와 가로로 자른 펠트지를 겹쳐 바느질하여 옷을 만든다.

활동 방법

1. 살색의 인형을 보며 인형의 옷이 없음을 이야기한다.
2. 옷을 보며 어떤 동물을 닮았는지 알아본다.
3. 인형을 인형 옷 속에 넣어 본다.
4. 옷을 입은 인형을 보며 이야기 나눈다.

참고 사항

1. 동물 이외에도 영아들이 좋아하는 캐릭터의 옷을 만들 수 있다.
2. 주사위 던지기를 하여 더 높은 숫자가 나온 사람이 옷을 가지고 가는 게임을 할 수 있다.

활동 8 감각주사위

연령	영역
만 2세	신체운동

활동 목표

신체운동>신체 조절과 기본 운동하기>소근육 조절하기>눈과 손을 협응하여 소근육을 조절해 본다.

- 눈과 손의 협응력을 기른다.
- 소근육을 조절하여 다양하게 조작한다.

자연탐구>수학적 탐구하기>수량 인식하기>세 개가량의 구체물을 말하며 세어 본다.

- 주사위의 숫자를 세어 본다.

활동 자료

여러 가지 색의 펠트지, 실, 바늘, 오공본드, 벨크로테이프, 지퍼, 자석 똑딱이, 거울지, 운동화끈, 단추, 15×15cm 스펀지 주사위, 가위

제작 방법

|운동화끈 끼우기|

1. 운동화와 구멍 뚫은 펠트지를 얹고 가장자리를 바느질한다.
2. 구멍에 운동화끈을 끼워 완성한다.

|지퍼 놀이|

1. 얼굴 위쪽과 아래쪽을 지퍼 위에 얹어 바느질한다.
2. 15×15cm 바탕 펠트지 위에 지퍼를 박음질한 소 얼굴을 바느질하고 오공본드로 눈을 붙여 완성한다.

|단추 끼우기|

1. 바탕 펠트지에 화분, 줄기, 잎을 바느질하고 적당한 위치에 단추를 달아 준다.
2. 꽃 모양을 두 겹으로 바느질하고, 2.5cm 길이로 중앙 부분을 칼로 오려 단춧구멍을 바느질한다.

|손가락 세기|

1. 손바닥 모양으로 펠트지를 재단하여 손가락과 손바닥에 벨크로테이프를 바느질한다.
2. 손바닥 모양의 펠트지를 두 겹으로 바느질하여 바탕 펠트지 위에 바느질하여 붙인다.

|사과나무|

1. 사과 모양을 재단하여 뒷면에 자석을 박음질한다.
2. 나무를 바탕 펠트지에 재단하여 박음질하고 자석을 적당한 위치에 달아 준다.

|거울 놀이|

1. 벌 모양을 재단하고 얼굴에 구멍을 뚫어 뒷면에 거울지를 붙인다.
2. 거울지 붙인 벌을 바탕 펠트지 위에 바느질한다.

활동 방법

1. 감각 주사위의 여섯 면을 탐색한다.
2. 손가락을 접어 보며 1～5 숫자를 세어 본다.
3. 운동화끈을 끼워 보고 리본을 묶어 매듭을 지어 본다.
4. 같은 색의 단추에 꽃 모양을 끼워 본다.
5. 소 입의 지퍼를 열어 사과를 꺼내 본다.
6. 사과나무에 사과 자석을 붙여 본다.
7. 벌 얼굴에 있는 거울을 보며 얼굴을 탐색해 본다.
8. 소 입의 지퍼를 열어 사과 자석을 넣어 보관한다.

활동 9 오징어 다리는 몇 개일까?

연령	영역
만 2세	신체운동

활동 목표

신체운동>신체 조절과 기본 운동하기>소근육 조절하기>눈과 손을 협응하여 소근육을 조절해 본다.

- 눈과 손의 협응력을 기른다.
- 빨래집게를 조작해 보며 소근육 발달을 돕는다.

자연탐구>수학적 탐구하기>수량 인식하기>세 개가량의 구체물을 말하며 세어 본다.

- 오징어 다리를 세어 보며 1～5까지의 숫자를 익힌다.
- 오징어 다리를 완성하며 성취감을 느낀다.

활동 자료

펠트지(빨간색, 흰색, 검정색), EVA 원단, 눈알, 빨래집게, 가위

제작 방법

1. 빨간색 펠트지로 오징어 몸통 모양을 다섯 단계의 크기별로 두 장씩 오린다.
2. EVA 원단의 한쪽 면에 오징어 몸통을 한 장만 붙여 오린다.
3. 다 오린 EVA 원단의 뒷면에 나머지 오징어 몸통 한 장을 붙인다.
4. 위의 방법대로 다섯 가지 크기의 오징어 몸통을 만든다.
5. 1～5까지 숫자를 검정색 펠트지로 오린다.
6. 흰색 펠트지로 숫자가 들어갈 정도의 크기로 동그랗게 오린다.
7. 제일 작은 오징어에는 1만 붙이고 점차적으로 숫자를 늘려 제일 큰 오징어 몸통에는 1～5까지 붙인다.

8. 오징어 몸통의 한 면에 눈알을 두 개씩 붙인다.

활동 방법

1. 오징어 모양을 탐색해 본다.
2. 크기별로 씌어 있는 숫자에 대해 이야기 나눈다.
3. 빨래집게를 이용하는 방법을 알려 준다.
4. 빨래집게를 스스로 사용한다.
5. 빨래집게로 오징어 다리를 완성해 본다.
6. 완성한 오징어 다리를 세어 본다.

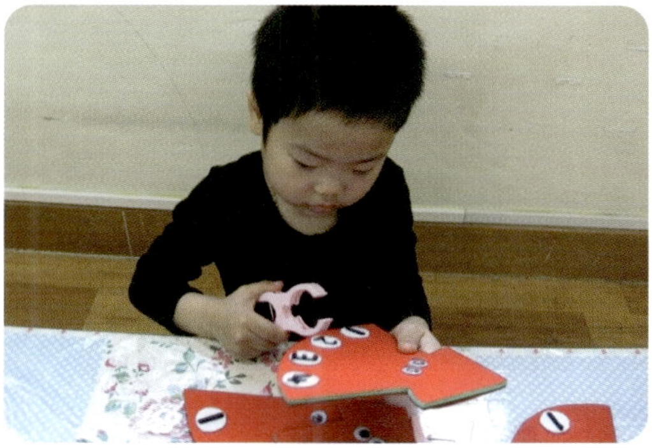

참고 사항

1. 소근육 발달이 미흡한 영아는 빨래집게를 조작하는 것에 어려움을 느낄 수 있으므로 교사의 충분한 지도가 이루어져야 한다.
2. 유아의 경우 오징어 다리의 개수를 늘려 제작할 수 있다.

활동 10 공을 던져 보아요

연령	영역
만 2세	신체운동

활동 목표

신체운동>신체 활동에 참여하기>기구를 이용하여 신체 활동하기>간단한 기구를 이용하여 신체 활동을 한다.

- 즐겁게 공을 던져 본다.
- 표적에 공을 맞춤으로 집중력과 성취감을 줄 수 있다.

신체운동>신체 조절과 기본 운동하기>소근육 조절하기>눈과 손을 협응하여 소근육을 조절해 본다.

- 눈과 손의 협응력을 기른다.

활동 자료

융, 펠트지, 눈알, 우드락, 글루건, 볼풀공, 벨크로테이프, 가위

제작 방법

1. 융을 우드락에 평평하게 잘 감싼다.
2. 펠트지로 크기가 다른 원 4개를 잘라 크기에 맞게 글루건으로 붙인다.
3. 펠트지로 달팽이의 얼굴을 잘라 준 후 더듬이와 눈알을 붙인다.
4. 볼풀공에 벨크로 테이프를 감아서 붙인다.

활동 방법

1. 달팽이판을 벽면이나 적절한 거리에 놓는다.
2. 활동 방법에 대해 이야기 나눈다.
3. 2명씩 짝을 지어 정해진 시간 동안 공을 던진다.
4. 제일 많이 던진 팀은 어디인지 알아본다.

참고 사항

1. 달팽이판을 교실 벽면의 적당한 높이와 거리에 놓아 준다.
2. 자유롭게 던지기를 해 보거나 팀을 나누어 놀이할 수 있다.
3. 유아들의 경우 각각의 원에 점수를 넣어 활동할 수 있다.

활동 11 조각 그림 단어 맞추기

연령	영역
만 2세	의사소통

활동 목표

의사소통>읽기>그림책과 환경 인쇄물에 흥미 가지기>친숙한 그림과 환경 인쇄물을 보고 읽는 흉내를 내 본다.

- 그림을 보고 사물의 이름을 안다.
- 글자를 보고 읽는 흉내를 낸다.

의사소통>말하기>낱말과 간단한 문장으로 말하기>눈앞에 보이는 친숙한 사물의 이름을 발음해 본다.

- 사물의 이름을 정확한 발음으로 말한다.

활동 자료

하늘색, 노란색, 연두색, 보라색 등 여러 가지 펠트지, 가위, 바늘, 실

제작 방법

1. 여러 가지 색의 펠트지 등 자료를 준비한다.
2. 비행기, 자동차, 버스 등 여러 가지 도안을 준비한 뒤 각각의 도안에 따라 재단한다.
3. 재단된 모양을 준비된 펠트지에 바느질한다.
4. 완성된 펠트지 뒤에 글자 모양을 붙인다.

활동 방법

1. 나누어진 그림을 보고 그림의 모양을 완성한다.
2. 완성된 그림을 보고 뒷면의 글자가 맞는지 확인해 본다.
3. 친구들과 함께 그림과 글자를 맞추어 본다.

참고 사항

1. 다른 그림과 단어를 추가해 새로운 단어를 알 수 있다.

활동 12 자동차 독서대

연령	영역
만 2세	의사소통

활동 목표

의사소통>읽기>그림책과 환경 인쇄물에 흥미 가지기>그림책과 환경 인쇄물에 있는 그림과 내용에 관심을 가진다.

- 편안한 공간에서 책을 볼 수 있다.
- 책 보기에 흥미를 가질 수 있다.

신체운동>신체 활동에 참여하기>기구를 이용하여 신체 활동하기>간단한 기구를 이용하여 신체 활동을 한다.

- 역할 영역으로 확장하여 놀이해 볼 수 있다.

활동 자료

종이상자(아이가 들어가 앉을 수 있을 만한 크기), 글루건, 부직포, 가위, 펠트지

제작 방법

1. 빈 종이상자를 앞쪽 덮개 부분을 제외하고 자른다.
2. 종이상자 옆면을 3등분으로 나누어 __/ 모양으로 자른다.
3. 종이상자 옆면에 홈을 파 주어 받침대를 걸칠 수 있도록 한다.
4. 뒷부분에 책 꽂이로 사용할 수 있을 만한 크기의 종이상자를 잘라 주어 붙인다.
5. 종이상자를 펠트지로 감싼다.

6. 박스 앞부분을 자동차 모양으로 꾸민다.

활동 방법

1. 자동차 독서대를 탐색해 본다.
2. 자동차 안에 들어가서 책을 살펴본다.
3. 읽고 싶은 책을 책꽂이에 넣어 본다.
4. 자동차 안에서 책을 읽었을 때의 느낌을 말해 본다.

참고 사항

1. 역할 영역에서 다양한 방법으로 신체 놀이를 할 수 있다.

활동 13 쿵짝 드럼

연령	영역
만 2세	사회관계

활동 목표

사회관계>더불어 생활하기>또래와 관계하기>또래가 있는 곳에서 놀이를 한다.

- 친구의 동작을 따라 한다.
- 친구와 함께 연주하는 경험을 한다.

예술경험>예술적 표현하기>리듬 있는 소리와 노래로 표현하기>신체, 사물, 리듬악기 등을 이용하여 간단한 리듬과 소리를 만든다.

- 소리를 다양하게 만들어 본다.

활동 자료

삼각대, 통(분유, 과자, 점토, 우유), 냄비 뚜껑, 펠트지, 리본, 레이스, 구슬, 실로폰 채, 송곳, 케이블 타이즈, 가위

제작 방법

1. 통에 위 아래로 2개씩 송곳으로 뚫은 후 펠트지로 싼다.
2. 펠트지로 싸여서 막힌 곳을 다시 송곳으로 뚫은 후 케이블 타이즈를 끼운다.
3. 통들을 장식한다.
4. 냄비 뚜껑에 송곳으로 구멍 4개를 내어 케이블 타이즈를 끼운 후 윗부분은 펠트지를 동그랗게 오려서 붙인다.
5. 케이블 타이즈를 삼각대에 흘러내리지 않도록 각 위치에 맞게 단단하게 조여서 매단다.

활동 방법

1. 소리에 대해서 이야기를 나눈다.
2. 드럼을 두드리며 어떠한 소리가 나는지 들어 본다.
3. 1~3명의 친구들이 앉아 자유롭게 드럼을 두드려 본다.

참고 사항

1. 드럼을 박자에 맞춰 두드려 볼 수 있다.

활동 14 케이크를 만들어요

연령	영역
만 2세	사회관계

활동 목표

사회관계>더불어 생활하기>또래와 관계하기>또래가 있는 곳에서 놀이를 한다.

- 친구와 함께 케이크를 먹는 놀이를 경험한다.

자연탐구>수학적 탐구하기>수량 인식하기>세 개가량의 구체물을 말하며 세어 본다.

- 초의 수를 세며 꽂는다.
- 케이크 위의 표시와 장식을 일대일로 대응시킨다.

활동 자료

펠트지, 동그란 스펀지, 벨크로 테이프, 실, 바늘, 솜, 가위, 글루건

제작 방법

1. 동그란 스펀지를 6등분한다.
2. 스펀지의 크기에 맞게 펠트지를 재단하여 바느질한다.
3. 과일, 생크림, 촛불 도안을 재단한다.
4. 과일, 촛불에 솜을 넣고 바느질한다.
5. 완성된 케이크의 윗부분에 글루건으로 벨크로 테이프를 고정시킨다.
6. 과일, 촛불, 생크림의 아랫부분에 글루건으로 벨크로 테이프를 고정시킨다.

활동 방법

1. 생크림, 과일, 촛불 등 케이크를 꾸밀 재료들을 살펴본다.
2. 케이크 위에 생크림, 과일 등을 올린다.
3. 케이크 위에 영아의 나이만큼 초를 올려 완성한다.
4. 칼을 이용하여 케이크를 자른다.
5. 친구들과 함께 케이크를 나누어 먹어 보도록 한다.

참고 사항

1. 역할 영역에서 생일 파티를 하며 활동할 수 있다.

활동 15 화장실에 가면

연령	영역
만 2세	사회관계

활동 목표

사회관계>더불어 생활하기>사회적 가치를 알기>순서를 기다린다.

- 화장실에 비치된 물품을 탐색한다.
- 화장실을 순서대로 사용할 수 있다.
- 사용하는 순서를 다른 친구들에게 설명해 줄 수 있다.

활동 자료

화장실 사진, 거울지, 하드보드지, 한지, 색상지, 마스킹 색테이프, 화장실 사용법 도안, 코팅지, 고리, 투명 시트지, 가위

제작 방법

1. 화장실 사용법 도안을 출력한다.
2. 출력물을 코팅한다.
3. 순서에 맞게 나열한 후 구멍을 뚫고 고리를 끼운다.
4. 각 반의 화장실 변기, 세면대, 비누, 수건 등을 촬영하여 출력한다.
5. 하드보드지에 화장실 환경과 비슷한 색상의 색상지와 한지를 이용하여 바탕을 붙인다.
6. 거울지를 적당한 크기로 잘라 붙인 후 변기, 세면대 등 위치를 잘 설정하여 붙인다.
7. 투명 시트지를 이용하여 표면을 감싼다.
8. 마스킹 테이프를 이용하여 테두리를 감싸고 마무리한다.

활동 방법

1. 활동판을 보여 주며 활동판에 무엇이 있는지 이야기 나눈다.
2. 화장실 사용법을 보여 주며 이야기 나눈다.
3. 활동판을 짚어 가며 화장실의 사용 순서에 대해 스스로 이야기해 본다.
4. 다른 친구들에게 화장실 사용 순서를 설명해 준다.

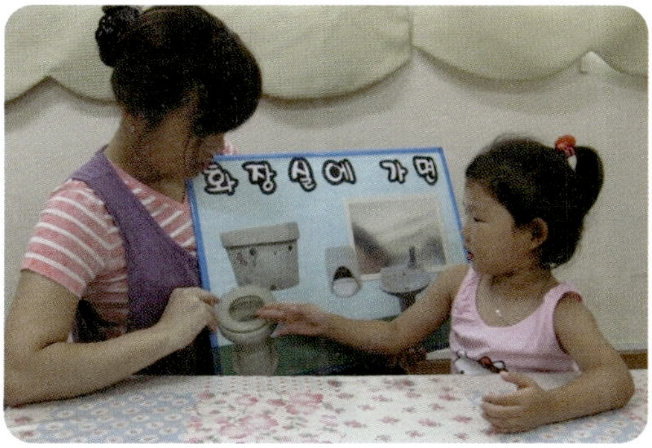

참고 사항

1. 화장실 사용법 외에 다양한 주제로 응용할 수 있다.
2. 화장실 사용법을 익힌 후 가정에서도 순서를 지켜 가며 화장실을 사용할 수 있도록 한다.

활동 16 칫솔 리듬막대

연령	영역
만 2세	예술경험

활동 목표

예술경험>예술적 표현하기>리듬 있는 소리와 노래로 표현하기>신체, 사물, 리듬악기 등을 이용하여 간단한 리듬과 소리를 만든다.

- 방울 소리로 리듬을 만든다.
- 음악에 맞추어 악기를 연주한다.

예술경험>예술적 표현하기>움직임으로 표현하기>간단한 도구를 활용하여 몸으로 표현한다.

- 리듬막대를 이용하여 자유롭게 신체표현한다.

활동 자료

못 쓰게 된 칫솔, 펠트지, 방울, 리본, 바늘, 실, 솜, 글루건

제작 방법

1. 못 쓰게 된 칫솔을 깨끗이 닦아 말린다.
2. 동물 얼굴 모양으로 앞, 뒤로 사용할 펠트지를 2장씩 오린다.
3. 오린 2장의 펠트지 중 앞면으로 사용할 펠트지에 동물의 특징을 살려 꿰맨다.
4. 앞면 아래 한가운데에 방울을 매단 후 위에 리본으로 장식한다.
5. 오린 2장의 펠트지 중 뒷면으로 사용할 펠트지 밑부분에는 칫솔을, 윗부분에는 50cm 미만으로 자른 리본을 글루건으로 고정시킨다.
6. 앞, 뒷면을 함께 꿰매며 솜을 넣어 마무리한다.

활동 방법

1. 동물들의 특징에 대해서 이야기 나눈다.
2. 음률 영역에 칫솔 리듬막대를 제시해 주고 흔들면서 소리를 탐색한다.
3. 노래에 맞춰 자유롭게 흔든다.

참고 사항

1. 유아의 경우 동그라미, 세모, 네모, 별 모양을 만들며 흔들어 볼 수 있다.

활동 17 가발 놀이

연령	영역
만 2세	예술경험

활동 목표

예술경험>예술적 표현하기>모방과 상상놀이하기>일상생활 경험을 상상놀이로 즐긴다.

- 거울을 보며 모습의 변화를 인식한다.
- 상상놀이를 경험한다.

사회관계>더불어 생활하기>또래와 관계하기>또래의 모습과 행동을 모방한다.

- 친구와 함께 꾸미기 놀이를 한다.

활동 자료

EVA 원단(2mm, 5mm), 가위, 양면 테이프, 색 고무줄, 연필, 송곳, 구슬끈, 리본, 자

제작 방법

1. EVA 원단(2mm)에 연필로 다양한 머리 모양 밑그림을 그린 후 오린다.
2. EVA 원단(5mm)을 5cm×30cm로 기다랗게 자를 대고 오려 띠를 만든다.
3. '2'에 '1'을 붙인 후 띠의 양 끝부분을 송곳으로 뚫어 색 고무줄로 묶는다.
4. 가발을 다양한 재료로 꾸민다.

활동 방법

1. 가발을 보며 다양한 색과 모양에 대해 이야기를 나눈다.
2. 마음에 드는 가발을 쓰고 거울을 통해 변화된 내 모습을 본다.
3. 가발을 쓰고 또래와 자유롭게 놀이를 한다.

참고 사항

1. 세계 여러 나라의 주제와 같은 극놀이를 할 수 있다.

활동 18 병원놀이

연령	영역
만 2세	예술경험

활동 목표

예술경험>예술적 표현하기>모방과 상상놀이하기>일상생활 경험을 상상놀이로 즐긴다.

- 병원에 대해 관심을 갖는다.
- 역할을 정하여 상상놀이를 한다.

자연탐구>과학적 탐구하기>생활도구 사용하기>생활 속에서 간단한 도구에 관심을 가진다.

- 병원에서 쓰는 도구에 관심을 갖는다.

활동 자료

펠트지, 바늘, 실, 단추, 똑딱단추, 빨대, 끈, 고무줄, 가위

제작 방법

1. 각각의 도안에 맞게 펠트지를 재단한다.
2. 재단한 펠트지를 각각 바느질한다.
3. 놀잇감의 종류에 따라 주사기에는 빨대, 가위에는 단추, 청진기에는 똑딱단추를 단다.

|가방|

1. 가방은 2장의 펠트지를 겹쳐 바느질하면서 손잡이 2장을 겹쳐 솜을 넣어 가며 바느질한다.
2. 가방의 안쪽에 자석 똑딱단추를 한 면씩 각각 바느질로 달아 고정한다.

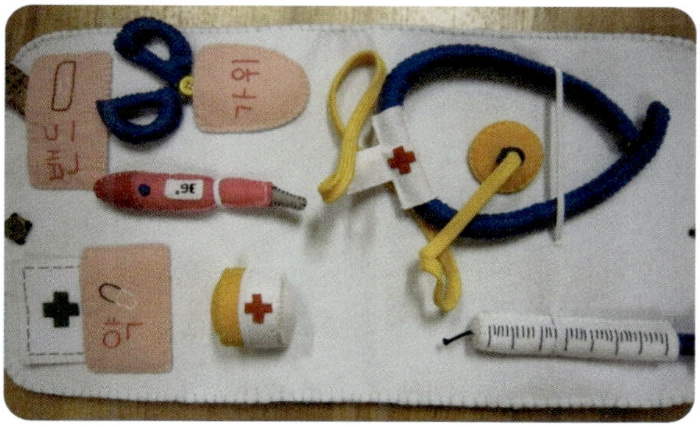

활동 방법

1. 가방 안 병원놀잇감 종류에 대해 살펴본다.
2. 각각의 병원놀이의 놀잇감 종류가 쓰이는 곳에 대해 이야기 나눈다.
3. 2명 이상의 친구들이 의사와 환자 역할을 정해 놀이를 한다.

활동 19 두드려 보아요

연령	영역
만 2세	예술경험

활동 목표

예술경험>예술적 표현하기>리듬 있는 소리와 노래로 표현하기>신체, 사물, 리듬악기 등을 이용하여 간단한 리듬과 소리를 만든다.

- 다양한 소리를 탐색한다.
- 박자를 다르게 하여 소리를 낸다.

자연탐구>과학적 탐구하기>물체와 물질 탐색하기>친숙한 물체와 물질을 능동적으로 탐색한다.

- 일상생활에서 접하는 도구의 모양과 소리를 탐색한다.

활동 자료

그릇, 분유통, 음료수병, 페트병, 국자, 나무젓가락, 펠트지, 클레이, 아스테이지, 뽕뽕이, 빨대, 모루, 철판, 가위

제작 방법

1. 그릇, 분유통, 음료수병을 펠트지로 감싼다.
2. 동물 모양으로 꾸민다.
3. 분유통 윗부분을 펠트지로 감싼 후 방울을 단다.
4. 분유통 안에 뽕뽕이, 빨대를 넣는다.
5. 분유통 위에 아스테이지로 감싼 후 글루건으로 붙인다.
6. 국자를 모루로 감싼다.
7. 나무젓가락을 모루로 감싼다.
8. 페트병을 펠트지로 감싼 후 나무젓가락을 끈으로 연결시킨다.

9. 완성된 악기들을 철판에 고정시킨다.

활동 방법

1. 폐품 악기를 탐색한다.
2. 악기를 두드리며 소리를 탐색한다.
3. 다른 악기와 합주를 한다.

활동 20 양말쉐이커

연령	영역
만 2세	예술경험

활동 목표

예술경험>예술적 표현하기>리듬 있는 소리와 노래로 표현하기>신체, 사물, 리듬악기 등을 이용하여 간단한 리듬과 소리를 만든다.

- 음악에 맞춰 활동해 보면서 리듬감을 익힌다.
- 다양한 박자의 음악에 맞춰 활동해 보면서 박자 감각을 형성한다.
- 양말의 부드러운 촉감을 느껴 본다.

활동 자료

양말, 방울솜, 뚜껑 있는 요구르트병, 쌀(또는 곡식), 리본 끈, 테이프, 바늘, 실, 가위

제작 방법

1. 뚜껑 있는 요구르트병을 씻어 잘 말린다.
2. 요구르트병 안에 쌀이나 곡식을 넣고 뚜껑을 닫는다.
3. 뚜껑이 열리지 않게 테이프로 고정시킨다.
4. 양말에 방울솜을 채우고 미리 만든 요구르트병을 넣는다.
5. 나머지 부분에 솜을 더 채운 후 입구를 바느질하여 밀봉한다.
6. 리본 끈으로 가운데 부분을 묶고 꾸민다.

활동 방법

1. 양말 쉐이커를 만져 보고 흔들어 보면서 탐색한다.
2. 어떤 소리가 나는지 이야기 나눈다.
3. 노래를 부르며 흔든다.
4. 음악에 맞춰 흔든다.
5. 다양한 박자의 음악을 들어 보고 박자에 맞춰 흔든다.

참고 사항

1. 다양한 곡식을 넣어 다양한 소리를 낼 수 있다.

활동 21 빨래판 악기

연령	영역
만 2세	예술경험

활동 목표

예술경험>예술적 표현하기>리듬 있는 소리와 노래로 표현하기>신체, 사물, 리듬악기 등을 이용하여 간단한 리듬과 소리를 만든다.

- 리듬감을 기른다.
- 창의적이고 다양한 표현력을 기른다.
- 소리의 다양함을 알 수 있다.

활동 자료

빨래판, 나무젓가락, 운동화끈, 천, 글루건, 하드보드지, 펠트지, 실, 바늘, 가위

제작 방법

1. 빨래판을 하드보드지에 고정시킨다.
2. 고정시킨 빨래판의 겉면을 천으로 감싼다.
3. 운동화끈을 이용하여 나무젓가락을 빨래판에 연결한다.
4. 악어 모양의 펠트지를 바느질한 뒤 천으로 감싼 빨래판 위에 붙인다.

활동 방법

1. 빨래판 악기를 살펴본다.
2. 빨래판을 본 적이 있는지 이야기 나누어 보고, 어떤 소리가 날지 상상해 본다.
3. 악어에 대해 이야기를 나누며 악어 등을 연주하듯 젓가락으로 두드리거나 긁어 소리를 내 본다.
4. '악어 떼' 노래를 부르며 빨래판 악기를 연주한다.

참고 사항

1. 음률 영역에서 자유롭게 연주할 수 있도록 배치한다.
2. 다른 리듬악기들과 어울려 연주해 볼 수 있다.
3. 다양한 주방 도구들을 이용하여 함께 연주할 수 있다.

활동 22 느낌이 달라요

연령	영역
만 2세	자연탐구

활동 목표

자연탐구>탐구하는 태도 기르기>반복적 탐색 즐기기>관심 있는 사물을 반복하여 주도적으로 탐색하기를 즐긴다.

- 느낌이 다른 다양한 사물을 탐색한다.
- 탐색의 즐거움을 경험한다.

자연탐구>수학적 탐구하기>구분하기>주변 사물의 같고 다름에 따라 구분한다.

- 느낌의 차이를 인식하고 구분한다.

활동 자료

4절지, 우드락(10T 1장, 5T 2장), 펠트지(연두색, 검정색, 살색, 빨간색, 갈색), 부직포(녹색), 뽕뽕이, 천, 빨대, 콩, 수세미, 마카로니, 끈, 하드보드지, 나뭇잎, 벨크로 테이프, 글루건,연필, 열선 커터기, 칼, 가위

제작 방법

|퍼즐판|

1. 4절지에 무당벌레 도안을 그려 우드락(5T) 위에 대고 퍼즐로 들어갈 부분을 칼과 열선 커터기로 도려낸다.
2. 도려낸 퍼즐 우드락 판은 연두색 펠트지로 싸고 다른 우드락(5T)에는 녹색 부직포를 붙여

맞대어 붙인다.

3. 퍼즐판 위를 무당벌레 도안에 맞게 각 펠트지를 오려 무당벌레 모양으로 완성시키고 다양한 재료들로 장식한다.

|퍼즐|

1. 퍼즐판에서 도려낸 부분을 하드보드지에 대고 그려 2장씩 오린다.
2. 우드락(10T) 위에 오려 낸 하드보드지 1장을 붙이고 열선 커터기로 자른 후 아랫부분에 나머지 하드보드지 1장을 붙인다.
3. 완성된 퍼즐 모형 위에 펠트지(검정색)를 붙이고 각각 위에 천, 빨대, 콩, 뽕뽕이, 수세미, 마카로니를 글루건으로 붙인다.
4. 완성된 퍼즐 모형 뒷면에 벨크로 테이프를 붙인다.

활동 방법

1. 퍼즐판을 눈으로 살펴보며 어떤 느낌일지 이야기 나눈다.
2. 퍼즐판 위에 붙은 재료들을 보며 이전 경험을 떠올리도록 한다.
3. 퍼즐판에서 퍼즐을 떼어 손으로 직접 만져 보며 이야기 나눈다.
4. 퍼즐을 퍼즐판 공간에 맞게 붙인다.

참고 사항

1. 두세 명의 영아들끼리 느낌에 대해 이야기 나누며 함께 놀이할 수 있다.
2. 두 명의 영아가 먼저 퍼즐판에 맞는 퍼즐을 찾아 공간에 넣는 게임을 할 수 있다.

활동 23 동물 없어진 곳 찾기

연령	영역
만 2세	자연탐구

활동 목표

자연탐구>과학적 탐구하기>주변 동식물에 관심 가지기>주변 동식물의 모양, 소리, 움직임에 관심을 가진다.

- 동물의 생김새를 안다.
- 동물의 신체 부위 중 없는 부분을 안다.

자연탐구>수학적 탐구하기>수량 인식하기>세 개가량의 구체물을 말하며 세어 본다.

- 집게를 꽂으며 수를 세어 본다.

활동 자료

동물 자료 그림, EVA, 색 집게, 빨래집게

제작 방법

1. 동물 자료의 그림을 준비한다.
2. 재단한 동물 자료를 EVA에 부착한다.
3. 각 동물의 소중한 부분(귀, 꼬리, 발 등)을 잘라 낸다.
4. 집게를 준비하여 잘라 낸 부분에 꽂는다.

활동 방법

1. 동물을 정렬한다.
2. 동물의 없어진 부분을 찾는다.
3. 집게를 이용해 동물을 완성한다.
4. 완성된 동물 그림을 확인한다.

참고 사항

1. 동물의 색을 알 수 있다.

활동 24 피자 토핑 얹기

연령	영역
만 2세	자연탐구

활동 목표

자연탐구>수학적 탐구하기>공간과 도형에 관심 가지기>주변 사물의 모양에 관심을 가진다.

- 채소의 종류에 대해 관심을 가진다.
- 피자 모양을 탐색한다.

사회관계>더불어 생활하기>또래와 관계하기>또래가 있는 곳에서 놀이를 한다.

- 친구와 함께 피자를 나누어 먹는 경험을 한다.

활동 자료

펠트지, 바늘, 실, EVA, 단추, 벨크로 테이프, 종이, 컴퍼스, 가위

제작 방법

|피자판|

1. 피자판 모양으로 펠트지를 2장 오린다.
2. EVA, 하드보드지를 피자판 모양으로 오린다.
3. 펠트지 안에 EVA, 하드보드지를 넣고 버튼홀스티치로 바느질한다.

|피자|

1. 종이 위에 컴퍼스로 원하는 크기의 피자(원)를 그린다.
2. 6조각으로 나눈 후 본을 뜬다.
3. 펠트지 위에 본을 데고 가위로 오린다.
4. 펠트지 위에 노란색과 빨간색 펠트지로 빵 모양을 박음질해 준다.
5. 펠트지 두 겹 안에 세모로 오린 EVA를 넣어 밑판이 판판하게 해 준다.
6. 빵 손잡이 부분에 박음질을 해 주고 솜을 넣는다.
7. 테두리를 버튼홀스티치로 마무리해 준다.

|나이프|

1. EVA를 커터칼 모양대로 오린다.
2. 펠트지를 커터칼 모양대로 2장 오린다.
3. 손잡이 부분엔 다른 색으로 펠트지를 덧댄다.
4. 테두리를 버튼홀스티치로 마무리한다.

|커터칼|

1. EVA를 동그랗게 오리고 펠트지 2장으로 덮어 버튼홀스티치를 한다.
2. 길게 EVA를 오려 집게를 만들고, 펠트지 2장을 같은 크기로 오려 테두리를 버튼홀스티치로 마무리한다.
3. 집게 부분 아래 가운데에 '1'을 넣고 양쪽 부분에 단추를 달고 바느질한다.

|토핑|

1. 감자, 피망, 올리브, 새우, 양파, 버섯, 햄 등 다양한 토핑 재료를 펠트지를 이용해 자른다.
2. 펠트지 안에 솜을 넣고 버튼홀스티치로 마무리한다.
3. 완성된 토핑 바닥면에 벨크로 테이프를 붙인다.

활동 방법

1. 피자 조각이 몇 조각인지 살펴본다.
2. 피자 조각 위에 원하는 채소를 올리고 붙인다.
3. 먹는 흉내를 내 본다.
4. 친구가 원하는 피자를 말하면 만들어 준다.

참고 사항

1. 피자 토핑을 다양하게 만들어 활동할 수 있다.

활동 25 배고픈 말

연령	영역
만 2세	자연탐구

활동 목표

자연탐구>수학적 탐구하기>수량 인식하기>많고 적음을 구별한다.

- 당근 수의 차이를 비교한다.

자연탐구>수학적 탐구하기>수량 인식하기>세 개가량의 구체물을 말하며 세어 본다.

- 주사위의 숫자를 안다.
- 당근의 수를 세어 본다.

활동 자료

말과 당근 도안, 코팅지, 황색 모루, 초록색 융, 회색 접착 펠트지, 연두색 EVA 원단(5mm), 벨크로 테이프, 우드락(5T), 하드보드지, 코팅지, 가위

제작 방법

1. 말 도안 2개와 당근 도안 16개 이상을 출력하여 오린다.
2. 오린 것을 코팅하여 다시 오린 후 말 도안에는 5T 우드락을, 당근 도안에는 연두색 5mm EVA 원단을 덧대고 도안보다 조금 여유 있게 잘라 낸다.
3. 당근 뒷면에 벨크로 테이프를 붙인다.
4. 우드락을 세로 50cm 가로 70cm 정도의 크기로 잘라 내어 한쪽 면에 융을 붙인다.
5. 접착 펠트지를 같은 너비의 사이즈로 오려 테두리에 두른다.
6. 활동판 가운데에 황색 모루를 가로질러

붙인다.

7. 활동판 위쪽에 말 도안 두 개를 붙인다.
8. 하드보드지로 정육면체를 만들고 접착 펠트지로 감싼 후 1~3까지의 수만 들어가도록 주사위를 만든다.
9. 마지막으로 영아들의 이름을 출력하여 코팅한 후 벨크로 테이프를 붙여 이름표를 만든다.

활동 방법

1. 영아들과 활동판을 보며 이야기를 나눈다.
2. 배고픈 말에게 당근을 주려면 어떻게 해야 하는지 게임의 규칙을 설명한다.
3. 한 명에 한 마리씩 말을 배정해 주고 각자 이름표를 찾아 붙인다.
4. 두 명이 같이 주사위를 던져 나온 개수만큼 말에게 당근을 준다.
5. 당근을 다 줄 때까지 게임을 계속한 후 누가 더 많은 당근을 주었는지 센다.
6. 당근을 많이 준 영아가 승리한다.

참고 사항

1. 확장 활동으로 당근을 숨겨 두고 누가 더 많이 찾아오는지 활동할 수 있다.
2. 영아들에게 친숙한 다른 동물과 다른 과일(채소)로 교체하여 활동할 수 있다.

활동 26 기차놀이

연령	영역
만 2세	자연탐구

활동 목표

자연탐구>수학적 탐구하기>수량 인식하기>세 개가량의 구체물을 말하며 세어 본다.

- 기차 위의 동물 수를 세어 본다.
- 동물의 수에 맞추어 기차를 연결한다.

자연탐구>수학적 탐구하기>공간과 도형에 관심 가지기>주변 사물의 모양에 관심을 가진다.

- 기차의 모양을 탐색한다.

활동 자료

펠트지, 방울솜, 단추, 벨크로 테이프, 가위

제작 방법

|기차|

1. 펠트지 두 장을 겹쳐 기차 모양으로 오린다.
2. 펠트지 한 장에 네모 모양으로 오려 둔 하늘색 펠트지를 바느질한다.
3. 기차 모양으로 오린 펠트지를 바느질하다 안에 솜을 채운 후 마무리한다.
4. 같은 방법으로 기차를 6칸 만든다.
5. 기차와 기차를 연결할 수 있도록 벨크로 테이프를 붙인다.

|동물|

1. 동물 모양을 4×4cm 크기로 펠트지 위에 도안을 그린다.
2. 도안을 따라 자른다.

3. 동물의 특징을 살려 펠트지로 꾸민다.

활동 방법

1. 어떤 동물이 있는지 이야기 나눈다.
2. 벨크로 테이프를 붙여 기차를 연결해 본다.
3. 기차에 동물을 하나씩 붙인다.
4. 동물을 붙인 후 동물의 수를 세어 본다.

활동 27 누가 더 무거울까?

연령	영역
만 2세	자연탐구

활동 목표

자연탐구>수학적 탐구하기>차이에 관심 가지기>주변 사물의 크기(속성의 차이)에 관심을 가진다.

- 눈과 손의 협응력을 기른다.
- 무게가 다름을 알 수 있다.
- 무게의 차이를 알 수 있다.

활동 자료

옷걸이(철사 1개, 플라스틱 1개), 모루(갈색), 하드보드지, 펠트지(연한 핑크색, 하늘색, 살색, 갈색, 녹색), 융(녹색), 자석(동그란 것, 판), 다 쓴 키친타월 원통, 동물 도안, 뽕뽕이(연두색, 녹색), 구슬, 펜치, 글루건, 코팅지, 가위, 칼, 강력접착제, 소쿠리 2개, 털실

제작 방법

|양팔저울|

1. 하드보드지와 자석판을 동그랗게 잘라 자석판 아래로 하드보드지를 대고 자석판보다 조금 더 크게 자른 펠트지(갈색) 2장을 위 아래로 맞대고 글루건으로 붙인다.
2. 다 쓴 키친타월 원통(기둥) 속으로 철사 옷걸이를 일자로 펴서 통과시킨 후 윗부분은 펜치를 이용하여 아래로 돌려 고정시키고 밑부분은 동그랗게 자른 자석판에 강력접착제로 부착한다.
3. 플라스틱 옷걸이 윗고리 부분의 한가운데 밑부분을 칼로 도려낸 후 길게 자른

융(녹색)으로 돌려 가며 감는다.

4. 플라스틱 양끝의 고리 부분에 털실을 이용하여 소쿠리를 매단다.
5. 다양한 재료들로 양팔저울을 꾸민다.
6. 플라스틱 옷걸이를 철사 옷걸이 끝부분에 끼운다.

|동물|

1. 동물 그림 2장(1장은 좌우 대칭)을 인쇄하여 코팅한 후 오린다.
2. 하드보드지를 삼각형으로 받침을 만들어 펠트지로 감싸고 앞뒤에 준비된 동물 그림을 붙인다.
3. 받침 부분에 자석의 무게에 차이를 두어 강력접착제로 붙이고 그 위에 각 동물 색에 맞는 펠트지로 감싼다.
4. 완성한 동물 모형을 양팔저울 자석판 위에 놓고 보관한다.

활동 방법

1. 가장 가벼운 것부터 무거운 것까지의 동물의 무게에 대해 이야기 나눈다.
2. 양팔저울의 사용법을 설명한다.
3. 양팔저울 양쪽에 동물들을 비교하며 넣어 본다.
4. 양팔저울의 모양을 보고 무게 차이를 확인해 본다.

참고 사항

1. 준비된 실물들 중에 무엇이 무거울지 추측해 보고 양팔저울에 달아 본다.

제 3 장

만 3세를 위한 교재교구 활동

누리과정 영역	활동 번호	교재교구 활동명
신체운동 · 건강	1	캐치볼
	2	슛 골인
의사소통	3	느낌 말하기
	4	계절 퍼즐
	5	자석 글자
	6	글자 집
	7	글자 바느질
사회관계	8	다양한 표정
	9	다도 예절 배우기
예술경험	10	가야금 연주
자연탐구	11	색깔과 모양
	12	별을 찾아라
	13	빨래 널기

누리과정 영역	활동 번호	교재교구 활동명
자연탐구	14	동물들이 사는 곳
	15	수를 세어 보아요
	16	정리를 잘해요
	19	옷 입히기
	18	벽돌 집 쌓기

활동 1 캐치볼

연령	영역
만 3세	신체운동 · 건강

활동 목표

신체운동 · 건강>신체 조절과 기본 운동하기>신체 조절하기>신체 각 부위의 움직임을 조절해 본다.

- 눈과 손의 협응력을 기를 수 있다.
- 대근육을 발달시킬 수 있다.
- 활동량을 늘려 신체 발달을 돕는다.

활동 자료

펠트지, 벨크로 테이프, 보들이 원단, 가죽 끈, 면 끈, 사각 링, 방울솜, 실, 바늘, 가위

제작 방법

|글러브|

1. 글러브 모양으로 펠트지를 재단하여 앞면 원단에는 별 모양을, 뒷면 원단에는 벨크로 테이프를 바느질한다.
2. 긴 직사각형을 체크 모양으로 엮어 글러브 앞, 뒷면 원단 사이에 바느질한다.
3. 면 끈 위에 벨크로 테이프를 바느질한 뒤 글러브 앞, 뒷면 원단 사이에 바느질한다.
4. 글러브 둘레를 버튼홀스티치하고 솜을 넣어 마무리한다.

|공|

1. 보들이 원단을 재단한다.
2. 보들이 원단을 뒤집어 박음질하고 뒤집는다.

3. 공 모양을 잡아 가며 방울솜을 넣어 준다.
4. 공 라인을 따라 빨간 실로 버튼홀스티치하여 마무리한다.

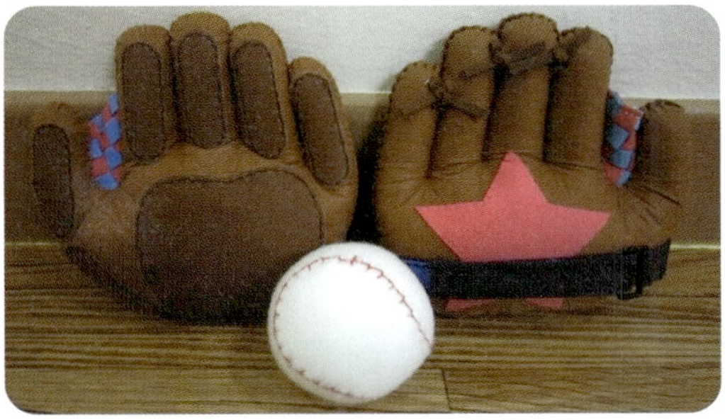

활동 방법

1. 친구와 글러브를 하나씩 나누어 손에 고정시킨다.
2. 친구와 마주 보고 서서 공을 던진다.
3. 글러브의 벨크로 테이프 부분을 이용하여 받는다.
4. 적당한 거리를 두고 공을 주고받으며 활동해 본다.

참고 사항

1. 글러브의 벨크로 테이프 부분이 얼굴이나 몸에 긁히지 않도록 유의하며 활동한다.

활동 2 슛 골인

연령	영역
만 3세	신체운동 · 건강

활동 목표

신체운동 · 건강>신체 조절과 기본 운동하기>신체 조절하기>눈과 손을 협응하여 소근육을 조절해 본다.

- 눈과 손을 협응하여 소근육을 조절해 본다.
- 힘을 조절하여 뚜껑을 이동시킨다.

사회관계>다른 사람과 더불어 생활하기>친구와 사이좋게 지내기>친구와 함께 놀이한다.

- 친구와 함께 사이좋게 놀이한다.

활동 자료

납작하고 둥근 자석 블록, 우드락, 백업, 마스킹 테이프, 모루, 글루건, 노란색 · 파란색으로 코팅된 게임판, 함석판, 쓰지 않는 놀잇감의 뚜껑

제작 방법

1. 함석판의 크기에 맞게 노란색, 파란색 게임판을 프린트하여 코팅한다.
2. 우드락을 함석판 크기에 맞게 잘라 주어 2겹을 겹친다.
3. 게임판을 함석판에 붙이고 그 밑에 2겹을 겹쳐 놓은 우드락을 붙인다.
4. 테두리를 마스킹 테이프로 감싼다.
5. 게임판의 테두리 위에 글루건으로 백업을 붙인다.
6. 모루로 골대를 만든다.

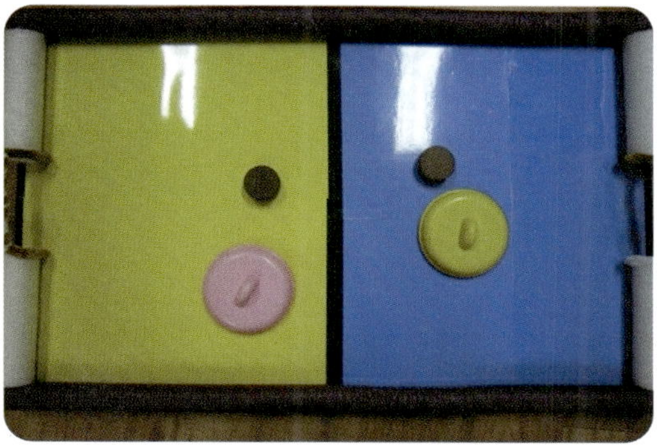

활동 방법

1. 교구를 살펴보며 놀이 방법에 대해 이야기 나누어 본다.
2. 게임 규칙에 대해 알아보고 뚜껑의 손잡이를 잡고 자석 블록 공을 움직여 본다.
3. 상대방의 골대에 자석 블럭 공을 많이 넣은 쪽이 이기는 게임이다.

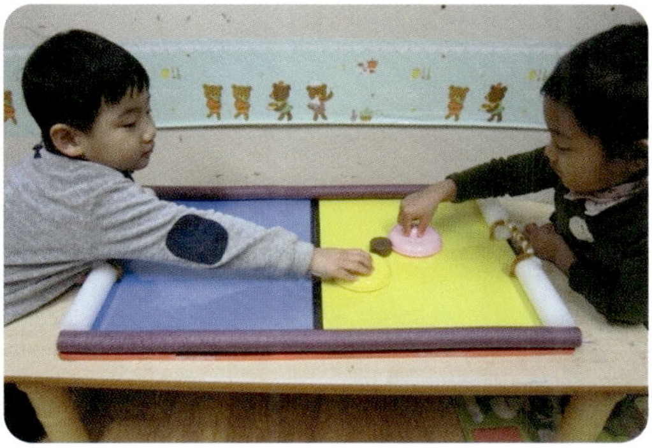

참고 사항

1. 점수판을 만들어 점수를 세어 가며 놀이해 볼 수 있다.

활동 3 느낌 말하기

연령	영역
만 3세	의사소통

활동 목표

의사소통>말하기>느낌, 생각, 경험 말하기>자신의 느낌, 생각, 경험을 말해 본다.

- 촉감이 같고 다름을 말로 표현한다.
- 다양한 촉감을 말해 본다.

자연탐구>수학적 탐구하기>기초적인 자료 수집과 결과 나타내기>같은 것끼리 짝을 짓는다.

- 느낌이 같은 것을 찾아 짝 짓는다.

활동 자료

우드락, 할핀, 벨크로 테이프, 안대, 뽕뽕이, 사포, 마끈, 문풍지, 마카로니, 색상지, 열선 커터기, 종이컵(20개)

제작 방법

1. 우드락을 열선 커터기를 이용해 둥근 모양으로 자른다.
2. 둥근 모양의 우드락에 색지를 붙이고 5등분한다.
3. 5등분한 우드락에 각각 다른 느낌이 나는 재료(뽕뽕이, 사포, 마끈, 문풍지, 마카로니)를 붙인다.
4. 할핀을 이용해 화살표를 가운데 꽂는다.
5. 종이컵의 밑부분을 20개 잘라 준비한다.
6. '3' 의 5등분에 붙인 재료(뽕뽕이, 사포, 마끈, 문풍지, 마카로니)를 잘라 둔 종이컵 밑부분에 각각 4개씩 붙인다.
7. 우드락을 30×45cm 크기로 1개, 20×10cm 크기로 2개 잘라 색상지를 붙인 후

30×45cm에는 20개, 20×10cm에는 4개의 벨크로 테이프를 붙인다.

활동 방법

1. 화살표를 돌려서 화살표 끝이 가리키는 부분을 손으로 만져 본다.
2. 안대를 사용하여 눈을 가린다.
3. 20개의 다양한 재료가 붙은 판에서 같은 느낌이 나는 것을 찾는다.
4. 20×10cm 크기의 판에 찾은 것을 붙여 준다.
5. 안대를 벗어 내가 찾은 네 개가 처음 만졌던 재료와 같은 것인지 알아본다.

활동 4 계절 퍼즐

연령	영역
만 3세	의사소통

활동 목표

의사소통>말하기>느낌, 생각, 경험 말하기>자신의 느낌, 생각, 경험을 말해 본다.

- 계절 이름을 말로 표현한다.
- 계절에 관하여 이야기나눈다.

의사소통>읽기>책 읽기에 관심 가지기>책의 그림을 단서로 내용을 추측해 본다.

- 그림이 나타내고 있는 글자를 안다.

활동 자료

EVA(빨강, 파랑, 분홍, 노랑), 끝이 둥근 나무 막대(6개), 계절 그림 및 한글 인쇄물, 코팅지, 칼, 자, 양면 테이프

제작 방법

|퍼즐판|

1. EVA를 각 색상별로 17.5×13cm로 3개씩 잘라 낸다.
2. 17.5×13cm로 잘라 낸 EVA를 각 색상별로 1개씩 앞뒷면에 코팅해 놓은 계절 그림, 한글을 붙인다.
3. 17.5×13cm EVA 네 개의 면 바깥 부분을 1cm 남기고 가운데를 잘라 낸 후 계절 그림, 한글을 붙인 판 앞면과 뒷면 위에 각 색상에 맞게 붙인다.

|퍼즐|

1. 끝이 둥근 나무 막대 6개를 직사각형 모양이 나오도록 일렬로 나열해 놓고 한 면에는 계절 그림, 다른 면에는 글씨를 붙이고 위에 시트지로 덮는다.
2. 시트지로 덮인 나무막대를 6개로 나누어 자른 후 마무리한다.

활동 방법

1. 퍼즐판의 그림을 보고 어떠한 계절인지 이야기를 나눈다.
2. 글씨가 부착되어 있는 뒷면을 보여 주며 계절의 이름을 어떻게 쓰는지 살펴본다.
3. 앞뒤가 다른 퍼즐 조각을 보여 주며 각각에 맞게 맞춰 보도록 한다.
4. 퍼즐을 익힌 다음에 여러 명이서 맞춰 보도록 하고 먼저 완성하는 사람이 이긴다.

참고 사항

1. 더 많은 조각을 내어 활동할 수 있도록 한다.
2. 그림 및 글씨를 따라 그려 보도록 한다.

활동 5 자석 글자

연령	영역
만 3세	의사소통

활동 목표

의사소통>읽기>읽기에 흥미 가지기>주변에서 친숙한 글자를 찾아본다.

- 글자에 흥미를 가질 수 있다.
- 자석 글자와 같은 글자의 그림을 찾아볼 수 있다.
- 그림의 글자와 자석 글자를 비교해 볼 수 있다.

활동 자료

그림과 단어가 함께 있는 사진, 고무자석, 코팅지, EVA, 실물 그림, 철가루, 마스킹 테이프, OHP 필름, 작은 상자, 양면 테이프

제작 방법

|그림판|

1. 그림과 단어가 함께 있는 사진을 코팅한다.
2. 고무자석으로 각각의 단어를 오려 EVA판에 붙인다.
3. 코팅된 사진을 고무자석이 붙어 있는 같은 크기의 EVA판에 양면 테이프로 붙여 준다.

|철가루 상자|

1. EVA를 상자 모양으로 윗부분을 남겨 놓고 옆면과 아랫면으로 재단한다.
2. EVA 상자 모양과 같은 크기로 자른 OHP 필름 2장을 겹쳐 준 후 철가루를 넣고 마스킹 테이프로 감싸 준다.

활동 방법

1. 철가루 상자를 탐색해 본다.
2. 그림 카드를 보며 단어를 확인해 본다.
3. 그림 카드를 철가루 상자에 넣었을 때 어떻게 변하는지 확인해 본다.
4. 그림 카드를 철가루 상자에 넣고 글자를 비교해 본다.

참고 사항

1. 과학 영역에서 자석과 철가루의 성질에 대해 알아볼 수 있다.

활동 6 글자 집

연령	영역
만 3세	의사소통

활동 목표

의사소통>말하기>낱말과 문장으로 말하기>친숙한 낱말을 발음해 본다.

- 그림을 보고 낱말을 발음한다.

의사소통>듣기>낱말과 문장 듣고 이해하기>일상생활과 관련된 낱말과 문장을 듣고 뜻을 이해한다.

- 사계절과 관련된 낱말에 관심을 가진다.
- 사계절을 설명하는 문장을 듣고 이해한다.

활동 자료

빈 상자, EVA, 두꺼운 도화지, 색지, 계절과 관련된 실물 그림과 글자, 우드락, 리본 끈, 시트지, 코팅지, 칼, 가위

제작 방법

|글자 집|

1. 상자 한 면을 카드를 넣고 받을 수 있도록 자른다.
2. 상자의 겉면에 EVA를 붙인다.
3. 상자의 위쪽에 두꺼운 도화지를 비스듬히 세워 지붕을 세운다.
4. 지붕 겉면에도 EVA를 붙인다.
5. 집의 모서리를 리본 끈을 붙여 마무리한다.

|글자 카드|

1. 색지 앞면에 계절과 관련된 실물 그림을 붙인다.

2. 색지 뒷면에 계절과 관련된 글자를 붙인다.
3. 코팅한 뒤 모서리를 둥글게 잘라 마무리한다.

활동 방법

1. 계절과 관련된 실물 그림과 글자를 살펴보도록 한다.
2. 글자 집을 살펴보도록 한다.
3. 실물 그림을 보고 그림 집에 카드를 넣어 단어를 알아보도록 한다.
4. 단어를 읽어 보고 그림 집에 카드를 넣어 확인한다.
5. 계절에 관련된 단어들을 알아보고 계절별로 분류한다.

참고 사항

1. 실물 그림과 글자를 비교하며 볼 수 있다.
2. 글자 카드를 주제별로 교체하며 다양하게 사용해 볼 수 있다.

활동 7 글자 바느질

연령	영역
만 3세	의사소통

활동 목표

의사소통>읽기>읽기에 흥미 가지기>주변에서 친숙한 글자를 찾아본다.

- 읽기에 흥미를 가져 본다.
- 주변에서 친숙한 글자를 찾아본다.

신체운동 · 건강>신체 조절과 기본 운동하기>신체 조절하기>눈과 손을 협응하여 소근육을 조절해 본다.

- 눈과 손을 협응하여 소근육을 조절해 본다.

활동 자료

프린트한 자음과 모음, 코팅지, 가위, 일공 펀치, 줄, 고무자석, 줄

제작 방법

1. 각각의 자음과 모음을 프린트한 후 모양대로 오린다.
2. 프린트하여 오린 자음과 모음을 코팅한다.
3. 코팅한 자음과 모음 글자에 일공 펀치로 구멍을 내 준다.
4. 자음과 모음 글자 뒷면에 고무자석을 붙여 준다.

활동 방법

1. 다양한 자음과 모음 글자들을 살펴본다.
2. 자음과 모음 글자 구멍에 줄을 넣어 바느질을 해 본다.
3. 칠판에 자음과 모음을 조합하여 자신의 이름 등 글자를 만들어 본다.

활동 8 다양한 표정

연령	영역
만 3세	사회관계

활동 목표

사회관계>나와 다른 사람의 감정 알고 조절하기>나와 다른 사람의 감정 알고 표현하기>자신에게 여러 가지 감정이 있음을 안다.

- 표현할 수 있는 다양한 표정이 있음을 안다.
- 감정에 따라 표정이 달라짐을 이해한다.
- 스스로 표정을 만들어 보고 감정을 표현해 본다.

활동 자료

하드보드지, 부직포(빨간색, 하늘색, 살색), 펠트지(빨간색, 주황색, 노란색, 초록색, 보라색, 흰색, 검정색, 살색), 거울지, 접착 시트지, 코팅지, 글씨 도안, 장식 부자재, 칼, 가위, 글루건, 벨크로 테이프, 종이 테이프

제작 방법

1. 하드보드지 4절을 4등분한 후 2개는 한 면만 빨간색, 하늘색 부직포로 붙인 다음 다른 한 면은 빨간색, 하늘색 펠트지로 붙인다.
2. 부직포를 붙인 한 면씩에 살색 부직포로 사람 얼굴 형을 오려 붙인다.
3. 거울지를 하드보드지 한 면에 붙이고 다른 한 면은 펠트지로 붙인다.
4. 자른 다른 하드보드지 모두 펠트지로 싼다.

5. 검정색 펠트지에 인쇄한 글자를 대고 오린다.
6. 펠트지를 부착한 하드보드지 왼쪽에는 글자를 붙이고 오른쪽에는 벨크로 테이프를 붙인다.
7. 머리, 눈썹, 눈, 코, 입, 액세서리를 펠트지로 다양하게 만들고 뒷면에 벨크로 테이프를 붙인다.
8. 색깔 하드보드지를 19×29cm 2개, 9.5×19.5cm 2개, 9.5×28cm 1개로 잘라 접착 시트지로 싼 후 테두리를 종이 테이프로 붙여 상자를 만든다.

활동 방법

1. 다양한 얼굴 표정에 대해 이야기 나눈다.
2. 교구를 보며 무엇이 있는지 글자와 함께 알려 주며 살펴본다.
3. 자유롭게 얼굴을 완성해 보도록 한다.
4. 완성된 얼굴을 보며 어떠한 상황에서의 감정일지 이야기 나눈다.
5. 거울을 보며 표정을 따라 해 보도록 한다.

참고 사항

1. 교사가 어떠한 상황에서 이런 표정과 감정이 드는지 유도해 가며 알려 준다.

활동 9 다도 예절 배우기

연령	영역
만 3세	사회관계

활동 목표

사회관계>다른 사람과 더불어 생활하기>사회적 가치를 알고 지키기>약속과 규칙을 지켜야 함을 안다.

- 차를 마실 때 지켜야 할 예절이 있음을 안다.
- 순서에 맞추어 차를 마시는 경험을 한다.

신체운동 · 건강>신체 조절과 기본 운동하기>신체 조절하기>신체 각 부분의 움직임을 조절해 본다.

- 소근육을 조절하여 찻잔에 차를 따른다.

활동 자료

펠트지, 와이어, 방울솜, 바늘, 실, 가위

제작 방법

1. 주전자, 컵, 손잡이, 숟가락, 컵받침 도안을 펠트지로 재단한다.
2. 재단된 도안을 버튼홀스티치하여 연결해 준다.
3. 컵, 주전자, 숟가락의 손잡이 부분은 각각 바느질 중간에 방울솜을 넣어 버튼홀스티치로 마무리한다.
4. 연결된 주전자, 컵의 양옆에 손잡이를 공그르기하여 고정해 준다.

5. 컵받침 재단 펠트 사이에 와이어를 놓고 버튼홀스티치해 준다.

활동 방법

1. 차를 마시는 방법에 대해 이야기를 나눈다.
2. 친구와 서로 찻잔에 차를 따라 보도록 한다.
3. 왼손으로 찻잔을 감싸고 오른손으로 손잡이를 잡고 천천히 차를 마신다.
4. 다도 예절을 돌이켜보며 함께 차를 마신다.

참고 사항

1. 주전자에 콩, 구슬 등을 넣어 컵에 따라 보며 활동해 볼 수 있다.
2. 다기를 이용하여 활동해 볼 수 있다.
3. 부모님께 차를 대접할 수 있다.
4. 역할 영역 놀잇감들과 함께 활동해 볼 수 있다.

활동 10 가야금 연주

연령	영역
만 3세	예술경험

활동 목표

예술경험>예술적 표현하기>음악으로 표현하기>리듬악기로 간단한 리듬을 표현해 본다.

- 악기의 소리를 탐색하고 관심을 갖는다.
- 자유롭게 리듬을 연주하는 경험을 한다.
- 음악에 맞추어 악기를 연주한다.

활동 자료

우드락, 고무줄, 나무무늬 시트지, 백업, 풍선 컵스틱(12개), 진한 갈색, 부직포, 압정(24개), 글루건, 마끈, 가위, 칼

제작 방법

1. 우드락을 같은 크기로 3개를 잘라 양면 테이프를 이용해 붙인 후 나무무늬 시트지를 씌운다.
2. '1'의 우드락 양쪽 끝에 압정으로 12개의 고무줄을 고정시킨다.
3. 풍선 컵스틱을 고무줄 아래에 끼워 고정시킨다.
4. 양쪽의 끝 2부분을 진한 갈색 부직포로 감싸 붙이고 뒷면도 부직포로 붙인다.
5. 마끈으로 매듭을 만들어 가야금의 왼쪽에 붙인다.

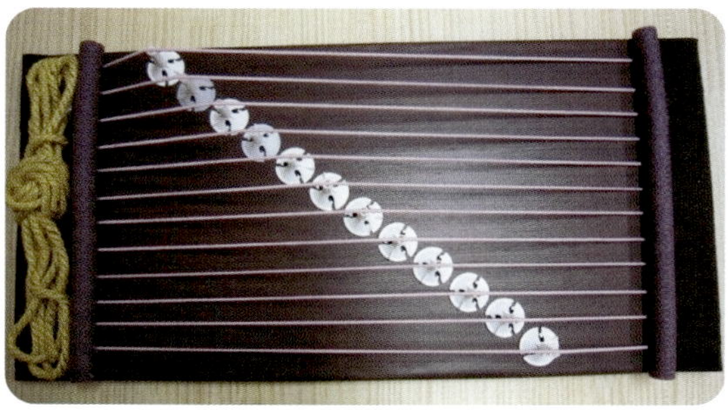

활동 방법

1. 우리나라 전통악기에 대해 이야기 나눈다.
2. 가야금의 특징에 대해 이야기 나눈다.
3. 가야금을 연주하는 방법을 알아본다.
4. 12줄로 되어 있는 가야금을 왼손으로 줄을 누르면서 오른손으로 뜯거나 튕겨서 소리를 낸다.
5. 음률 영역에 가야금 연주 음악을 준비하여 유아들이 음악에 맞추어 가야금을 연주해 본다.

참고 사항

1. 소고, 꽹과리 등 우리나라 전통악기와 함께 연주를 할 수 있다.

활동 11 색깔과 모양

연령	영역
만 3세	자연탐구

활동 목표

자연탐구>수학적 탐구하기>공간과 도형의 기초개념 알아보기>물체의 모양에 관심을 갖는다.

- 도형에 관심을 갖고 이름을 안다.
- 도형 모양의 차이를 인식한다.

자연탐구>수학적 탐구하기>기초적인 자료 수집과 결과 나타내기>같은 것끼리 짝을 짓는다.

- 도형의 종류에 따라 구분한다.
- 색에 따라 구분한다.

활동 자료

다양한 모양과 색깔 도안, 코팅지, 검정색 마스킹 테이프, 5T 우드락, 종이자석, 양면 테이프

제작 방법

1. 다양한 모양과 다양한 색의 중복 조건을 가진 도안을 출력한다.
2. 활동판으로 사용할 도안과 여러 가지 색을 가진 모양을 알맞게 오린다.
3. 오린 것을 코팅한다.
4. 코팅한 활동판 도안 뒷면에 함석판을 붙이고 거기에 5T 우드락을 붙인 후 활동판 도안보다 네

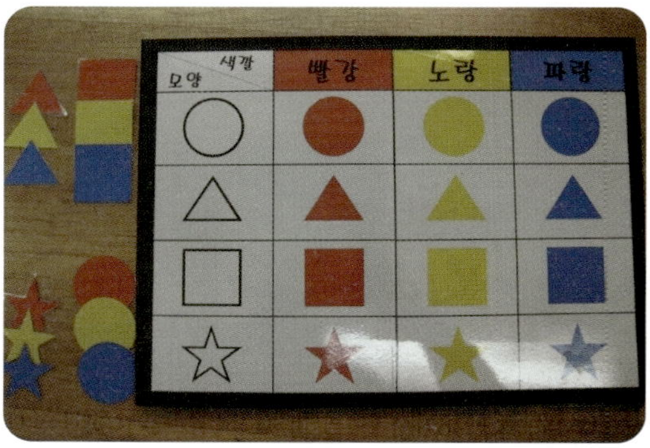

면이 5mm 넓게 되도록 자른다.

5. 검정색 마스킹 테이프로 테두리를 붙여 마무리한다.
6. 코팅하여 오린 색깔 모양은 뒷면에 종이자석을 같은 모양으로 오려 양면 테이프로 부착한다.

활동 방법

1. 모양에 대해 이야기 나눈다.
2. 색깔에 대해 이야기 나눈다.
3. 활동판을 짚어 가며 어떤 색과 어떤 모양인지 이야기 나눈다.
4. 모양을 하나씩 가져다가 활동판에 있는 모양 중에 같은 색, 같은 모양을 찾아 붙여 본다.

참고 사항

1. 활동이 익숙해지면 모양들을 비밀 주머니 속에 넣어서 손에 짚이는 대로 꺼내 찾아보는 활동을 할 수 있다.
2. 더 많은 색과 모양을 추가해 확장 활동을 할 수 있다.

활동 12 별을 찾아라

연령	영역
만 3세	자연탐구

활동 목표

자연탐구>수학적 탐구하기>기초적인 자료 수집과 결과 나타내기>같은 것끼리 짝을 짓는다.

- 같은 색의 별 모양을 구분한다.

사회관계>다른 사람과 더불어 생활하기>사회적 가치를 알고 지키기>약속과 규칙을 지켜야 함을 안다.

- 게임에서 지켜야 할 약속을 정한다.
- 친구와 규칙을 지키며 순서대로 놀이한다.

활동 자료

별 그림 카드(빨간색, 노란색, 분홍색, 초록색, 파란색, 혼합 색), 코팅지, 하드보드지, 가위

제작 방법

1. 컴퓨터 프로그램 '한글'에서 별 그림을 색깔별(빨간색, 노란색, 분홍색, 초록색, 파란색, 혼합 색)로 불러 온 후 같은 색으로 테두리를 넣는다.
2. 테두리의 크기는 가로 세로 7×9(cm)가 되도록 설정한다.
3. 색색깔의 별 테두리에 검정색으로 한 번 더 테두리를 지정하여 인쇄한다.

4. 카드를 인쇄 후 코팅한다.
5. 코팅한 여러 가지 별 그림 카드를 오린다.
6. 지름 12cm가 되도록 하드보드지를 잘라 원형 통과 뚜껑을 만든다.
7. '한글' 에서 지름 12cm로 원을 그린 후 제목을 써서 인쇄한 후 코팅한다.
8. 별 그림 카드를 원형 통에 넣은 후 뚜껑을 닫는다.

활동 방법

1. 4명의 유아가 동그랗게 둘러앉는다.
2. 책상의 가운데 부분에 별 그림 카드를 뒤집어 놓아 별 그림이 보이지 않도록 한다.
3. 가위바위보를 해서 이긴 유아를 시작으로 오른쪽 방향으로 순서를 정한다.
4. 한 장의 카드를 뒤집어 나온 별 그림 카드를 두고 그것과 같은 색의 별 그림 카드를 한 장 더 뒤집는다.
5. 뒤집은 2장의 카드가 같은 색의 별이면 카드를 가져간다. (다른 색의 별이면 원래의 자리에 카드를 다시 뒤집어 놓는다.)
6. 가장 많은 카드를 가진 유아가 이긴다.

참고 사항

1. 혼자 또는 4명의 친구까지 활동에 함께 참여할 수 있다.
2. 각각의 별 그림 카드는 짝을 지을 수 있도록 짝수로 준비한다.

활동 13 빨래 널기

연령	영역
만 3세	자연탐구

활동 목표

자연탐구>수학적 탐구하기>규칙성 이해하기>생활 주변에서 반복되는 규칙성에 관심을 갖는다.

- 날씨에 관심을 갖는다.
- 날씨와 관련된 현상을 예측한다.

신체운동·건강>신체 조절과 기본 운동하기>신체 조절하기>눈과 손을 협응하여 소근육을 조절해 본다.

- 소근육을 조절하여 집게를 조작한다.

활동 자료

빈 상자, 뽕뽕이, 펠트지, 집게, 바구니, 색철사, 단추, 구슬, 리본 끈, 나무 막대, 바늘, 실, 가위

제작 방법

|빨래 널기 상자|

1. 빈 상자에 울타리 모양의 이미지를 코팅하여 붙인다.
2. 상자 모서리에 나무 막대를 고정시키고, 나무 막대 사이에 철사를 두 줄로 길게 감는다.
3. 나무 막대 위에 뽕뽕이를 붙여 마무리한다.

|주사위, 옷|

1. 모자, 원피스, 티셔츠, 바지, 치마 모양을 무지개 색깔(빨, 주, 노, 초, 파, 남, 보) 펠트지로 재단한다.
2. 단추, 구슬, 리본 끈으로 옷을 장식한다.
3. 펠트지로 정사각형을 6개 재단한다.
4. 해, 눈, 비 모양의 펠트지를 재단하여 박음질하고, 테두리를 버튼홀스티치하여 마무리한다.

활동 방법

1. 교구의 옷을 탐색하며 종류별로 분류한다.
2. 빨랫줄에 집게를 이용하여 옷을 널어 본다.
3. 주사위를 던져 해가 나오면 빨랫줄에 빨래를 널어 본다.
4. 비, 눈이 나오면 빨랫줄에 널어 놓은 빨래를 걷어 본다.
5. 주사위를 던지며 반복적으로 활동을 진행한다.

참고 사항

1. 패턴에 따라 활동을 진행할 수 있다.
2. 날씨 상황에 맞게 활동을 해 본다.

활동 14 동물들이 사는 곳

연령	영역
만 3세	자연탐구

활동 목표

자연탐구>수학적 탐구하기>기초적인 자료 수집과 결과 나타내기>같은 것끼리 짝을 짓는다.

- 서식지에 따라 동물을 분류한다.

의사소통>말하기>낱말과 문장으로 말하기>새로운 낱말에 관심을 가진다.

- 다양한 동물 이름을 안다.
- 동물이 사는 곳을 알아본다.

활동 자료

하늘·바다·땅에 사는 동물 사진과 곤충 사진, 색지, 검정색 마스킹 테이프, 투명 시트지, 하드보드지, 벨크로 테이프, 코팅지, 가위

제작 방법

1. 4개의 하드보드지를 세모로 잘라 각각 색이 다른 색지를 붙인다.
2. 그 위에 투명 시트지를 붙인다.
3. 4개의 하드보드지로 삼각대를 만들어 고정한 후 검정색 마스킹 테이프으로 마무리한다.
4. 각각의 동물 사진 밑에 동물 이름을 글씨로 쓰고 출력한 후 같은 색 색지를 덧대어 코팅한다.
5. 벨크로 테이프를 삼각대, 동물 사진에 붙여 완성한다.

활동 방법

1. 동물 사진을 보여 주며 동물 이름을 익힌다.
2. 땅, 바다, 하늘, 곤충이라 씌어 있는 것을 같이 읽어 보며 동물들이 다양한 곳에 살고 있음을 익힌다.
3. 각각의 동물들이 어디에 살고 있는지 붙인다.

참고 사항

1. 두 명 이상의 유아가 주사위를 던져 나오는 곳의 동물을 붙여 보는 게임으로 확장시킬 수 있다.
2. 익숙해진 유아들에게는 동물과 곤충의 개수를 늘려 활동해 볼 수 있다.

활동 15 수를 세어 보아요

연령	영역
만 3세	자연탐구

활동 목표

자연탐구>수학적 탐구하기>수와 연산의 기초개념 알아보기>다섯 개가량의 구체물을 세어 보고 수량에 관심을 갖는다.

- 숫자에 관심을 갖는다.
- 1~5의 숫자가 나타내는 수량을 이해한다.
- 손가락으로 수를 표현한다.

활동 자료

하드보드지, 초록색 융, 손 모양 도안, 뽀로로 도안, 코팅지, 흰 장갑, 솜, 리본, 벨크로 테이프, 제본용 스프링, 글루건, 가위

제작 방법

|숫자 책 만들기|

1. 손 모양 도안과, 뽀로로 도안을 1~5까지 출력하여 크기를 똑같이 오린 후 코팅한다.
2. 코팅한 도안을 제본용 스프링 간격에 맞게 구멍을 낸다.
3. 1~5 순서대로 스프링에 끼운다.

|손 만들기|

1. 흰 장갑 안을 솜으로 채운다.
2. 장갑의 아래쪽을 리본으로 묶은

후 글루건으로 고정시킨다.

3. 손바닥과 손가락에 벨크로 테이프를 붙인다.

|마무리|

1. 하드보드지의 한 면을 초록색 융으로 감싼다.
2. 초록색 바탕의 왼편에 숫자 책을 붙인다.
3. 초록색 바탕의 오른편에 손을 붙인다.

활동 방법

1. 숫자 책을 보면서 이야기를 나눈다.
2. 자신의 손을 이용하여 손 그림과 같이 만들어 보면서 수를 센다.
3. 흰 장갑 손을 손 그림처럼 똑같이 만든다.
4. 반복적으로 활동해 보며 1~5까지의 수를 익힌다.

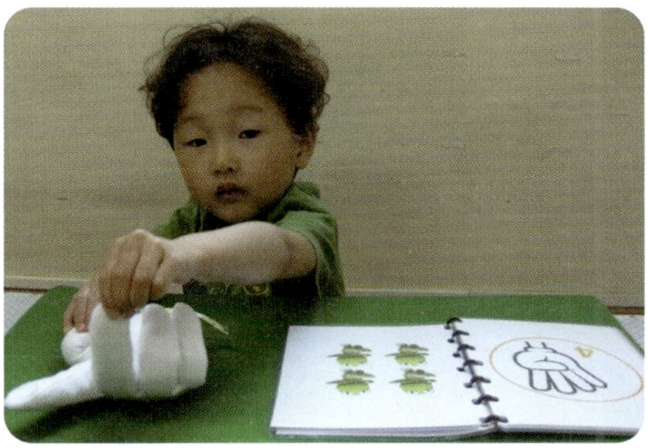

참고 사항

1. 그림의 이해도가 낮은 유아는 그림과 같이 손 모양을 만드는 데에 어려움을 느끼므로 그림을 반복적으로 보고 익히는 시간이 필요하다.
2. 5까지의 수를 익힌 다음 흰 장갑 손을 두 개로 늘려 10까지의 수를 익혀 볼 수 있다.

활동 16 정리를 잘해요

연령	영역
만 3세	자연탐구

활동 목표

자연탐구>수학적 탐구하기>기초적인 자료 수집과 결과 나타내기>같은 것끼리 짝을 짓는다.

- 사물을 종류에 따라 분류한다.

의사소통>말하기>낱말과 문장으로 말하기>새로운 낱말에 관심을 가진다.

- 신발과 옷이라는 낱말을 안다.
- 신발과 옷의 구체적인 이름을 안다.

활동 자료

옷과 신발의 실물 사진, 신발장과 옷장의 실물 사진, 고무자석, 함석판, 우드락, 색지, 색 마스킹 테이프, 코팅지, 가위

제작 방법

1. 신발장과 옷장의 실물 사진을 찾아 A4 한 장의 크기로 출력한 후 코팅한다.
2. 뒷면에 함석판, 우드락, 색지 순으로 붙여 크기에 맞게 오린다. (신발장은 파란색 색지, 옷장은 빨간색 색지를 붙인다.)
3. 각 색지의 색깔에 맞는 색 마스킹 테이프으로 테두리를 둘러 마무리한다.

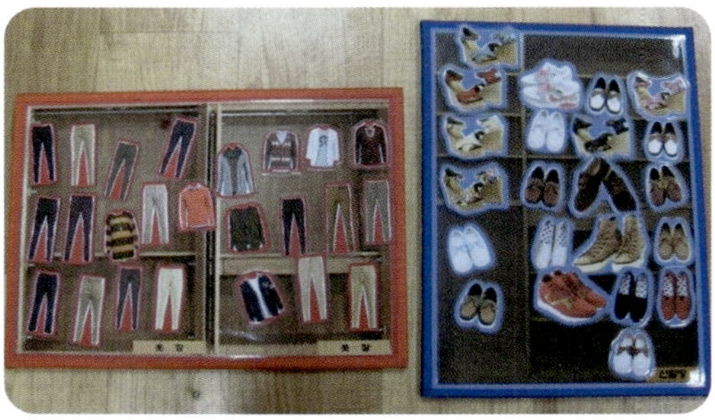

4. 옷과 신발의 실물 사진을 찾아 여러 장 출력하여 오린 후 옷은 빨간색 색지를 덧대고 신발은 파

란색 색지를 덧대어 오린 후 코팅한다.

5. 코팅한 뒷면에 고무자석을 오려 붙인다.

활동 방법

1. 신발과 옷 사진을 보여 주며 어떤 것이 신발이고 어떤 것이 옷인지 이야기하며 구분한다.
2. 신발장과 옷장을 보여 주며 신발장에는 신발을, 옷장에는 옷을 정리하여야 한다는 것에 관하여 이야기를 나눈다.
3. 신발은 신발장에 옷은 옷장에 스스로 정리해 본다.

참고 사항

1. 유아들이 신발과 옷장을 구분하는 데 어려움이 없도록 다른 색깔 색지를 이용하여 구분한다.
2. 실물 사진을 이용하여 활동판을 만들어 유아들이 실제 생활에서 활용하는 데 어려움이 없도록 한다.
3. 신발장과 옷장 외에 다양한 수납장을 이용하여 활동판을 만들어 볼 수 있다.

활동 17 옷 입히기

연령	영역
만 3세	자연탐구

활동 목표

자연탐구>수학적 탐구하기>기초적인 자료 수집과 결과 나타내기>같은 것끼리 짝을 짓는다.

- 성별, 계절을 기준으로 옷을 분류한다.
- 날씨가 계절에 따라 차이가 있음을 안다.

신체운동 · 건강>건강한 생활하기>질병 예방하기>날씨에 맞게 옷을 입는다.

- 계절에 따라 옷차림이 달라짐을 안다.

활동 자료

함석판, 고무자석, 코팅지, 마스킹 테이프, 양면 테이프, 가위

제작 방법

1. 남자 아이, 여자 아이, 다양한 옷을 컴퓨터 작업하여 프린트한다.
2. 프린트한 종이를 코팅한 뒤 둥글게 굴리며 오린다.
3. 뒷면에 적당한 크기로 고무자석을 잘라 붙여 준다.
4. 배경 그림을 함석판 위에 고정하여 마스킹 테이프로 마무리한다.
5. 함석판 위에 완성된 옷과 남자 아이, 여자 아이를 붙인다.

활동 방법

1. 교구의 문을 열어 다양한 옷들을 살펴본다.
2. 다양한 상황과 계절에 맞는 옷을 입힌다.
3. 옷, 신발, 모자 등을 사용하여 다양하게 꾸민다.
4. 다양한 상황들에 맞게 역할극을 해 본다.

참고 사항

1. 다양한 상황 그림을 이용하여 역할극으로 확장할 수 있다.

활동 18 벽돌 집 쌓기

연령	영역
만 3세	자연탐구

활동 목표

자연탐구>수학적 탐구하기>수와 연산의 기초개념 알아보기>다섯 개가량의 구체물을 세어 보고 수량에 관심을 갖는다.

- 5개가량의 구체물을 세어 보고 수량을 알아본다.
- 숫자에 맞추어 벽돌로 구성한다.

자연탐구>수학적 탐구하기>공간과 도형의 기초개념 알아보기>물체의 모양에 관심을 갖는다.

- 벽돌 무늬 우드락으로 자유롭게 구성해 본다.

활동 자료

우드락, EVA, 양면 테이프, 시트지, 할핀, 고무자석, 함석판, 코팅지, 가위

제작 방법

|벽돌 만들기|

1. 벽돌 무늬의 우드락을 가로 세로 4cm씩 자른 후 시트지로 감싸 준다.
2. 시트지로 감싼 우드락의 뒷면에 고무자석을 잘라 붙여 준다.

|집 만들기|

1. 컴퓨터 작업으로 4cm 정사각형 칸을 가로, 세로 6개씩 총 6줄로 판을 만들어 인쇄한다.
2. 인쇄한 판을 코팅한 후 같은 크기의 우드락에 붙여 준다.
3. EVA를 2겹으로 지붕을 만들어 판에 붙여 준다.

|돌림판|

1. 컴퓨터 작업으로 숫자가 씌어 있는 원판을 만들어 인쇄한 후 코팅해 준다.
2. EVA를 원판보다 1cm 정도 큰 크기로 잘라 서로 붙이고, EVA로 마든 화살표를 할핀으로 중앙에 고정한다.

활동 방법

1. 교구를 살펴보며 놀이 방법에 대해 이야기 나눈다.
2. 돌림판을 돌려 화살표가 가리키는 숫자만큼 벽돌을 판에 옮긴다.
3. 벽돌을 다양한 모양으로 구성하여 붙인다.
4. 벽돌을 더 많이 옮겼거나, 벽돌을 모두 옮기면 이기는 게임이다.

참고 사항

1. 빙고 게임으로도 확장하여 놀이해 볼 수 있다.
2. 테트리스 모양의 벽돌을 만들어 놀이해 볼 수 있다.

제 4 장

만 4세를 위한 교재교구 활동

누리과정 영역	활동 번호	교재교구 활동명
신체운동 · 건강	1	공을 맞춰요
	2	구슬 수로
	3	미로 찾기
의사소통	4	속담을 맞혀라
	5	글자 땅따먹기
	6	글자 더하기
	7	암호를 풀어요
	8	색깔 글자 맞추기
	9	버섯 모양 글자 집
사회관계	10	놀이터
	11	크리스마스 선물
	12	나는 될 테야
예술경험	13	소리를 만들자
자연탐구	14	별을 모아요
	15	비눗방울을 만들어요
	16	사과 속 애벌레
	17	지오보드
	18	시간 여행
	19	도형 만들기
	20	시장에 갔어요
	21	땅따먹기

활동 1 공을 맞혀요

연령	영역
만 4세	신체운동 · 건강

활동 목표

신체운동 · 건강>신체 조절과 기본 운동하기>신체 조절하기>공간, 힘, 시간 등의 움직임 요소를 활용하여 움직인다.

- 소근육을 조절하여 공을 맞힌다.

신체운동 · 건강>신체 활동에 참여하기>기구를 이용하여 신체 활동하기>여러 가지 기구를 이용하여 신체 활동을 한다.

- 야구방망이를 사용하는 경험을 한다.
- 기구를 사용해야 하는 운동이 있음을 안다.

활동 자료

펠트지(빨간색 1, 파란색 1, 연한 베이지색 2, 노란색 1, 핑크색 1, 하늘색 1, 아이보리색 1, 진한 갈색 1), 바늘, 실, 가위, 방울솜, 수성펜

제작 방법

|야구방망이|

1. 연한 베이지색 펠트지에 가로 세로 9×48(cm) 크기로 배트 모양이 되도록 2장을 그린 후 자른다.
2. 모자가 될 수 있도록 파란색 펠트지를 모자 모양으로 2장을 잘라 연한 베이지색 몸통에 박음질한다.
3. 유니폼이 될 수 있도록 빨간색, 파란색 펠트지를 자르고 반대되는 색으로 옷깃을 만들어 시침질한다.

4. 유니폼 원단에 수성펜으로 간격을 맞춰 줄을 그은 후 박음질한다.
5. 노란색 펠트지를 동그랗게 오린 후 박음질하여 유니폼에 단추를 만든다.
6. 진한 갈색으로 눈과 아이패치를 만들어 베이지색 몸통 펠트지에 박음질한다.
7. 2장의 몸통 둘레를 버튼홀스티치하여 이어 준다.
8. 위와 아래 구멍으로 방울솜을 가득 넣어 준 후 버튼홀스티치하여 마무리한다.

|야구공|

1. 아이보리색 펠트지를 신발 모양으로 지름 9cm가 되도록 2장을 재단한다.
2. 2장을 버튼홀스티치하여 연결하고 그 속에 방울솜을 가득 넣은 후 나머지 부분을 버튼홀스티치하여 공을 만든다.

활동 방법

1. 2명의 유아가 일정한 간격을 두고 선다.
2. 한 명의 유아는 공을 들고 나머지 한 유아는 야구방망이를 든다.
3. 공을 가진 유아는 야구방망이를 향해 공을 던진다.

4. 공이 날아오는 위치를 보고 야구방망이를 흔들어 공을 친다.
5. 2명의 유아가 역할을 바꾸어 활동을 진행한다.

참고 사항

1. 공을 야구방망이를 향해 던지도록 하며 아무 곳에나 던지지 않도록 한다.
2. 서 있는 간격을 좁게 또는 넓게 지정하여 난이도를 조정할 수 있다.

활동 2 구슬 수로

연령	영역
만 4세	신체운동 · 건강

활동 목표

신체운동 · 건강>신체 조절과 기본 운동하기>신체 조절하기>공간, 힘, 시간 등의 움직임 요소를 활용하여 움직인다.

- 움직임을 조정하여 구슬을 이동시킨다.
- 공간의 구조를 이해한다.
- 눈과 손의 협응력을 기른다.

활동 자료

우드락(기본 색, 갈색), 하드보드지, 부직포, 시트지, 구슬

제작 방법

1. 하드보드지 위에 하드보드지 크기에 맞게 자른 기본 색 우드락을 붙인다.
2. '1'에 미로를 그린다(초안 작업).
3. 기본 색 우드락을 하드보드지 테두리 크기에 맞게 잘라 테두리에 후 붙여 준다.
4. 부직포로 겉을 감싸 준다.
5. 그린 미로(초안 작업) 위에 갈색 우드락을 알맞게 잘라 붙인다.

활동 방법

1. 구슬을 출발 지점에 놓는다.
2. 판을 잡고 좌, 우로 흔들어 구슬을 옮긴다.
3. 막힌 미로에 들어가면 다시 판을 흔들어 구슬이 나오도록 한다.
4. 미로 안에 구슬을 옮기면서 도착지에 도착하면 게임이 끝난다.

활동 3 미로 찾기

연령	영역
만 4세	신체운동 · 건강

활동 목표

신체운동 · 건강>신체 조절과 기본 운동하기>신체 조절하기>공간, 힘, 시간 등의 움직임 요소를 활용하여 움직인다.

- 소근육을 조절하여 구슬을 이동시킨다.
- 양손의 움직임을 조절한다.

자연탐구>수학적 탐구하기>공간과 도형의 기초개념 알아보기>위치와 방향을 여러 가지 방법으로 나타내 본다.

- 위치와 방향에 대해 관심을 가진다.

활동 자료

상자, 코팅된 색지, EVA, 구슬, 글루건, 리본, OHP, 코팅지

제작 방법

1. 상자의 밑바닥 부분에 코팅된 색지를 붙힌다.
2. EVA를 다양한 길이로 자른다.
3. 다양한 길이의 EVA를 상자 안에 여러 가지 길로 만들어 글루건으로 고정시킨다.
4. 출발점과 도착점 및 '가~사' 까지의 음절을 코팅하여 미로판 안에 붙인다.
5. 구슬을 넣고 OHP 필름을 상자 윗부분에 붙여 주어 미로판 틀을 완성한다.
6. 완성된 미로판 상자의 틀을 리본으로 마감 처리를 해 준다.

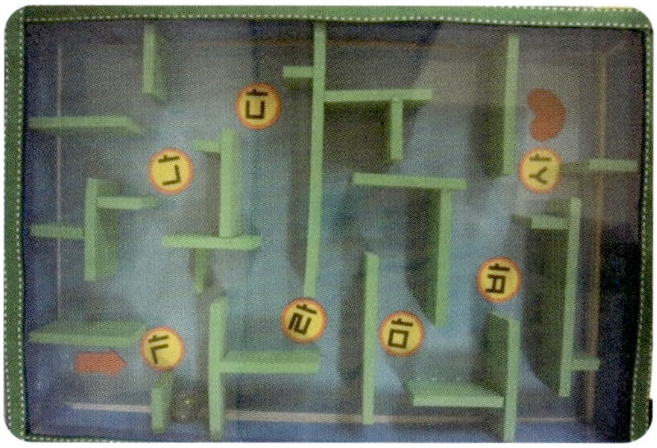

활동 방법

1. 미로판을 살펴보며, 놀이 방법에 대해 알아본다.
2. 출발점과 도착점을 알아본다.
3. 구슬을 움직여 본다.
4. 출발점에서 시작하여 가~사까지의 순서를 거쳐 구슬을 도착점까지 가져간다.

참고 사항

1. 순서를 정해 놓고 번갈아 가며 놀이할 수 있도록 한다.

활동 4 속담을 맞혀라

연령	영역
만 4세	의사소통

활동 목표

의사소통>읽기>책 읽기에 관심 가지기>책의 그림을 단서로 내용을 이해한다.

- 그림이 나타내는 속담을 안다.

의사소통>듣기>낱말과 문장 듣고 이해하기>일상생활과 관련된 낱말과 문장을 듣고 뜻을 이해한다.

- 속담을 듣고 내용을 이해한다.
- 속담이 나타내는 뜻을 이해한다.

활동 자료

우드락, 코팅지, 양면 테이프, 고리(3개), 고리 걸이(3개), 펀치, 속담에 관련된 그림 도안, 속담 카드, 속담 뜻 카드

제작 방법

1. '속담을 맞혀라' 제목과 그림이 있는 도안을 인쇄해 코팅 후 양면 테이프를 이용해 우드락 위에 붙인다.

2. 속담에 관련된 도안을 인쇄해 직사각형 틀에 맞추어 잘라 붙인 후 코팅하여 속담 예측 카드를 만든다.
3. 속담을 한글 작업하여 인쇄해 속담 카드를 만든다.
4. 속담의 뜻을 한글 작업하여 인쇄해

속담 카드를 만든다.

5. '속담을 맞혀라' 판 위에 고리를 붙인다.
6. 속담 예측 카드, 속담 카드, 속담 뜻 카드에 펀치로 구멍을 낸 후 고리를 연결한다.
7. 고리를 단 카드를 속담판에 건다.

활동 방법

1. 2명의 유아가 앉아 '속담을 맞혀라' 판과 속담 예측 카드, 속담 카드, 속담 뜻 카드를 나누어 갖는다.
2. 1명의 유아가 속담 예측 카드를 한 개 펼친다.
3. 다른 1명의 유아가 어떤 속담을 나타내는지 예측하며 이야기해 본다.
4. 그림 카드를 보며 예측되는 속담을 고른다.
3. 속담을 고른 후, 속담의 의미를 찾는다.
4. 자신이 고른 그림 카드, 속담 카드, 속담 뜻 카드 고리를 판에 끼운다.
5. 언어 영역에 게시되어 있는 정답판을 보며 자신이 고른 그림 카드와 속담, 속담의 의미가 맞는지 확인한다.

참고 사항

1. '속담을 맞혀라' 교구의 뒷면에 테이프를 붙여 언어 영역의 벽면에 게시할 수 있다.
2. 여러 명의 유아가 게임의 형식으로 진행할 수 있다.

활동 5 글자 땅따먹기

연령	영역
만 4세	의사소통

활동 목표

의사소통>말하기>낱말과 문장으로 말하기>친숙한 낱말을 정확하게 발음해 본다.

- 낱말을 정확하게 말로 표현한다.

의사소통>읽기>읽기에 흥미 가지기>읽어 주는 글의 내용에 관심을 가진다.

- 자음에 관심을 가지고 읽어 본다.
- 자음이 포함되어 있는 글자를 읽어 본다.

활동 자료

하드보드지, 함석판, 자석(2가지 색), 컴퍼스, 코팅지, 색지(하늘색, 노란색), EVA(주황색), 마스킹 테이프(검정색), 가위, 칼, 양면 테이프, 끈, 할핀(1개)

제작 방법

|돌림판|

1. 하드보드지를 40×28(cm) 크기로 자르고 그 위에 같은 크기의 함석판과 노란색 종이를 코팅해 붙인다.
2. EVA를 지름 25cm 원으로 자른다. 그 위에 같은 크기의 노란색 종이를 붙인 후 같은 크기의 하늘색 종이를 16분할하여 붙이고, 위쪽에는 'ㄱ~ㅎ'으로 시작하는 초성을 적고 아래쪽에는 단어 그림을 붙인다. 가운데 '글자 땅따먹기' 제목을 인쇄해 붙이고 코팅한다.
3. 40×28(cm) 바닥과 원판을 할핀으로 고정한 후, 바닥판은 마스킹 테이프로 고정하고 원판은 끈으로 마무리한다.

|글자판|

1. 하드보드지를 21×21(cm)로 자르고 그 위에 같은 크기의 함석판을 붙인다.
2. ‘한글’ 작업으로 가로 세로 4칸씩 16개의 칸을 만들고 ‘ㄱ～ㅎ’까지의 단어와 스마일, 최고 표시를 넣어 코팅한다.
3. 21×21(cm)의 하드보드지, 함석판, 단어 카드를 함께 붙이고 검정색 마스킹 테이프으로 마무리한다.

활동 방법

1. 두 명의 유아가 글자판을 나누어 갖는다.
2. 말(별자석)을 돌림판의 한쪽에 나누어 둔다.
3. 가위바위보로 순서를 정한 후 이긴 사람이 돌림판을 돌린다.
4. 화살표가 가리키는 초성과 그림을 보고 자신의 글자판(글자)에 말을 놓는다.
5. 글자판의 글자를 많이 가져간 유아가 이긴다.

참고 사항

1. 초성을 통해 글자를 익힐 수 있도록 혼자 놀이할 수 있다.
2. 글자판에 많은 말을 올려놓아 이길 수도 있고, 글자판의 말이 가로, 세로, 대각선으로 빙고가 먼저 되는 사람이 이기도록 게임을 진행할 수 있다.

활동 6 글자 더하기

연령	영역
만 4세	의사소통

활동 목표

의사소통>말하기>낱말과 문장으로 말하기>친숙한 낱말을 정확하게 발음해 본다.

- 낱말을 정확하게 말로 표현한다.

의사소통>읽기>책 읽기에 관심 가지기>책의 그림을 단서로 내용을 이해한다.

- 그림을 보고 사물의 이름을 안다.
- 사물의 이름을 보고 읽어 본다.

활동 자료

색상지, 코팅지, 자, 칼, 바구니, 가위

제작 방법

1. 컴퓨터로 카드 앞면을 만든다.
2. 카드의 빈칸을 칼로 오려 낸다.
3. 카드를 코팅한다.
4. 코팅한 카드를 자른 후 다치지 않도록 모서리 부분을 둥글게 굴려 준다.

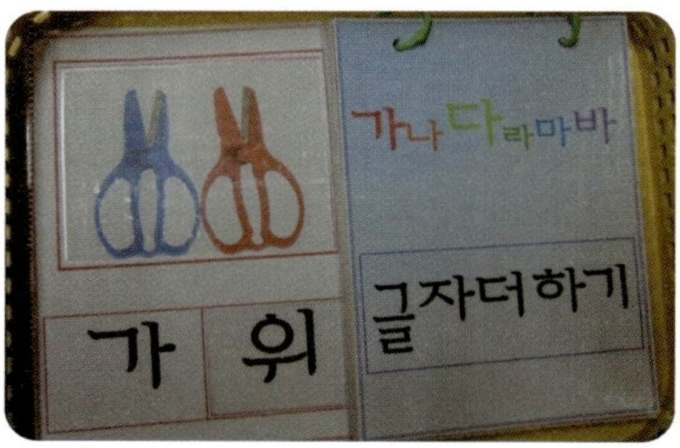

활동 방법

1. 바구니의 글자 카드를 살펴본다.
2. '가~하' 의 글자를 살펴보고, '가~하' 로 시작하는 단어를 생각해 본다.
3. 두 개의 글자 카드를 겹쳐 보며 단어를 완성한다.
4. 정답 카드를 살펴보며 유아가 맞춰 본 카드와 비교해 본다.

참고 사항

1. 한글이 서툰 유아들은 정답 카드를 살펴보며 글자를 완성한다.
2. '가~하' 로 시작하는 단어들을 이야기해 볼 수 있다.

활동 7 암호를 풀어요

연령	영역
만 4세	의사소통

활동 목표

의사소통>읽기>읽기에 흥미 가지기>읽어 주는 글의 내용에 관심을 가진다.

- 한글에 관심을 가질 수 있다.

의사소통>말하기>낱말과 문장으로 말하기>다양한 낱말을 사용하여 말한다.

- 단어를 예측하고 만들어 본다.
- 단어를 습득할 수 있다.

활동 자료

하드보드지, 색 한지, 암호 카드, 글자 카드, 민속놀이 그림 카드, 벨크로 테이프, 코팅지, 머메이드지, 가위

제작 방법

1. 하드보드지를 한지로 감싸 암호판을 만든다.
2. 한지 암호판 위에 암호 카드를 붙인다.
3. 머메이드지 위에 글자를 붙여 코팅하여 글자 카드를 만든다.
4. 글자 카드 뒤에 벨크로 테이프를 붙인다.
5. 민속놀이 그림을 그림 카드 왼쪽에 붙인다.
6. 그림 카드 옆에 암호를 붙인다.
7. 그림 카드 여백에 벨크로 테이프를 붙인다.

활동 방법

1. 암호판을 확인한다.
2. 그림 카드의 암호를 미리 알아본다.
3. 암호판의 같은 문자를 찾아 글자 카드를 찾는다.
4. 그림 카드 위에 찾은 글자 카드를 붙인다.
5. 완성된 단어를 읽어 보고 그림과 비교해 본다.

참고 사항

1. 암호판을 보고 암호에 대해 친숙하게 접근할 수 있고, 낱문자를 단어로 만들어 읽을 수 있다.

활동 8 색깔 글자 맞추기

연령	영역
만 4세	의사소통

활동 목표

의사소통>말하기>낱말과 문장으로 말하기>친숙한 낱말을 정확하게 발음해 본다.

- 친숙한 낱말을 정확하게 발음해 본다.

예술경험>아름다움 찾아보기>미술적 요소 탐색하기>자연과 사물의 색, 모양, 질감 등에 관심을 갖는다.

- 자연과 사물의 색, 모양, 질감 등에 관심을 갖는다.
- 색 이름을 알고 구분한다.

활동 자료

우드락, 고리, 양면 테이프, 코팅된 배경판, 단어 카드, 펠트지, 벨크로 테이프, 가위

제작 방법

|색깔 글자 맞추기 판|

1. 우드락을 잘라 코팅된 배경판 위에 양면 테이프로 붙여 준다.
2. 일곱 가지 색의 펠트지를 같은 크기로 동그랗게 잘라 고리를 끼워 주고 배경판에 구멍을 내어 고리와 연결해 준다.
3. 일곱 가지 색깔 단어를 인쇄하여 코팅한 단어 카드를 고리를 걸어 판에 끼운다.
4. 단어를 붙일 수 있는 판을 만들어 붙인 후 벨크로 테이프를 붙인다.

|무지개 글자 카드판|

1. 배경판을 같은 크기의 우드락 판에 붙인다.

2. 배경판에 네모 칸을 만들어 벨크로 테이프를 붙인다.
3. 여러 가지 색깔을 나타내는 단어 카드 뒷면에 벨크로 테이프를 붙인 후 각각의 네모 칸 위에 단어 카드를 붙인다.

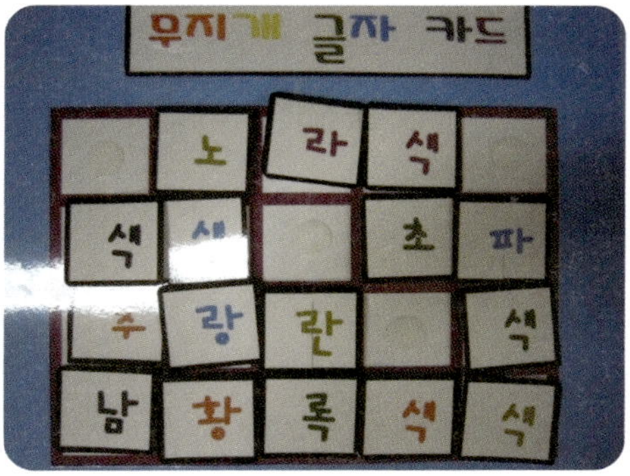

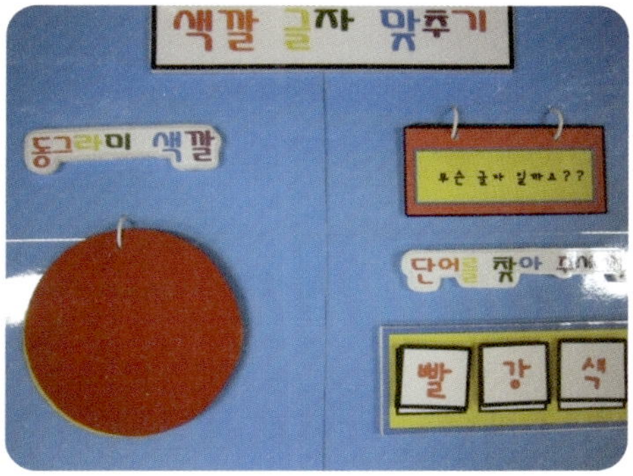

활동 방법

1. 색깔 글자 맞추기판과 단어 글자 카드판을 살펴보며 놀이 방법을 알려 준다.
2. 펠트지와 단어 카드, 글자 카드를 탐색해 본다.
3. 색깔 펠트지를 넘겨 가며 단어 카드에서 글자를 찾아본다.
4. 단어 카드에서 찾은 글자를 글자 카드판에서 각각의 음절을 찾아 붙인다.

활동 9 버섯 모양 글자 집

연령	영역
만 4세	의사소통

활동 목표

의사소통>읽기>읽기에 흥미 가지기>주변에서 친숙한 글자를 찾아본다.

- '가, 나, 다' 로 시작하는 낱말에 관심을 갖는다.
- 친숙한 낱말을 읽어 본다.

사회관계>다른 사람과 더불어 생활하기>친구와 사이좋게 지내기>친구와 협동하며 놀이한다.

- 친구와 함께 놀이하는 즐거움을 안다.

활동 자료

하드보드지, 우드락, 마스킹 테이프, 색지, 벨크로 테이프, EVA, 시트지, 코팅지, 양면 테이프, 칼, 가위

제작 방법

1. 하드보드지, 우드락, 하드보드지를 순서대로 양면 테이프로 붙인 후 적당한 크기로 잘라 세 개의 판을 만든다.
2. 색지를 이용하여 버섯 모양 집을 만든 후 '가, 나, 다' 글자를 붙이고 코팅하여 하드보드지판 위에 붙인 후 마스킹 테이프로 테두리와 모서리를 감싸 붙여 준다.
3. 집 모양 위에 4개의 벨크로 테이프를 붙인다.

4. 하드보드지로 주사위를 만들어서 마주 보는 면에 '가, 나, 다' 글자를 오려 붙여 준다. 시트지로 주사위를 싼 후에 테두리를 마스킹 테이프로 붙인다.
5. 가, 나, 다로 시작하는 글자 카드를 네 개씩 만들어 코팅한 후 EVA에 붙여 자르고 뒷면에 벨크로 테이프를 적당한 크기로 잘라 붙인다.
6. 글자 카드를 붙여 줄 판을 만들어 색지를 붙이고 시트지로 싼다. 마스킹 테이프로 테두리를 감싸 준 후 그 위에 벨크로 테이프를 12개 붙인다.

활동 방법

|방법 1|

1. 글자 집과 글자 주사위, 글자 카드를 보면서 자연스럽게 놀이를 탐색한다.
2. 주사위를 던져 나온 글자로 시작하는 카드를 한 개 선택하여 집 위에 붙인다.
3. 글자 집에 글자 카드가 모두 채워질 때까지 주사위를 던져서 글자 집에 카드를 붙인다.

|방법 2|

1. 두 명의 유아가 글자 집 판을 나누어 갖는다. 가위바위보를 통해 순서를 정하고 주사위를 던진다.
2. 주사위를 던져 나온 글자로 시작하는 글자 카드를 글자 집에 붙인다.
3. 먼저 글자 집을 모두 채운 유아가 게임에서 이긴다.

참고 사항

1. 이 활동은 유아 혼자 또는 2명, 3명이서 놀이를 할 수 있는 활동이다.
2. 글자 집을 마, 바, 사로 바꾸고 글자 카드를 바꾸어 다양한 글자를 익히도록 할 수 있다.

활동 10 놀이터

연령	영역
만 4세	사회관계

활동 목표

사회관계>다른 사람과 더불어 생활하기>사회적 가치를 알고 지키기>다른 사람과 한 약속이나 공공규칙을 지킨다.

- 여럿이 함께 사용해야 하는 기구에 대해 관심 가진다.
- 놀이기구를 이용할 때의 규칙에 대해서 안다.
- 차례를 지켜서 놀이하는 경험을 한다.

활동 자료

하드보드지, 자석, EVA, 놀이터 사진 자료, 풀 인조 잔디, 시트지, 10cm 플라스틱 그네줄(4개), 긴 나무막대, 색지, 코르크 우드락, 가위, 칼, 글루건

제작 방법

|그네판|

1. 하드보드지를 이용해 사각형을 4개 만든다.
2. 하드보드지 2개는 가운데 부분이 뚫릴 수 있도록 칼로 잘라 준다.
3. 하드보드지 4장을 가운데 부분을 접히는 삼각대로 대 주어 하나로 연결시킨다.
4. 양쪽의 하드보드지에 코르크 우드락을 붙인 후 자석이 들어갈 수 있도록 구멍을 만든 후 자석을 넣어 준다.
5. 코르크 우드락의 가운데 부분을 판 후 그 안에 풀 인조 잔디를 넣는다.

6. 10cm 플라스틱 그네줄 4개를 긴 나무막대 모서리에 매달아 글루건으로 가운데의 하드보드지판 윗부분에 고정시킨다.

|미끄럼틀 게임판|

1. 하드보드지로 게임판 2개를 만든다.
2. 하드보드지를 두 개씩 연결시키고, 아랫면은 삼각 하드보드지를 대 주어 접을 수 있는 게임판을 만든다.
3. 미끄럼틀은 하드보드지 전개도를 짜서 만들어 준 후, 겉면에 우레탄을 붙여서 입체적으로 만든다.

|말|

1. 유아 그림을 4가지 종류로 4개씩 총 16개 준비한다.
2. 그중 8개는 말 끼움대에 끼워 세울 수 있게 한다.

활동 방법

|미끄럼틀|

1. 두 명이 각각 하나씩 게임판을 가진다.
2. 주사위를 한 번씩 던져 줄을 잘 서는 그림이 나오면 한 명씩(그림 말) 미끄럼틀을 태워 준다. 줄을 잘 서지 않는 그림이 나오면 한 번 쉰다.
3. 4명의 유아 그림 말을 먼저 미끄럼틀에 태우는 사람이 승리한다.

|그네|

1. 두 명이 각각 게임판을 하나씩 가진다.
2. 미끄럼틀과 동일한 방법으로 그네판을 한 칸씩 이동한다.
3. 줄을 잘 서는 그림이 나오면 말을 이동하여 4명의 유아 그림 말을 그네에 태우는 사람이 승리한다.

활동 11 크리스마스 선물

연령	영역
만 4세	사회관계

활동 목표

사회관계>다른 사람과 더불어 생활하기>공동체에서 화목하게 지내기>교사 및 주변 사람과 화목하게 지낸다.

- 친구와 서로 도와야 함을 안다.

자연탐구>수학적 탐구하기>수와 연산의 기초개념 알아보기>열 개가량의 구체물을 세어 보고 수량을 알아본다.

- 수를 세어 볼 수 있다.

활동 자료

하드보드지, 우드락, 은박 포장지, 포장지, 금색 리본 끈, 시트지, 벨크로 테이프, 크리스마스에 관련된 그림, 색상지, 코팅지, 그림 카드(친구를 돕는 그림, 나쁜 행동의 그림), 가위

제작 방법

|게임판|

1. 우드락을 지름 46cm인 도너츠 모양으로 자른다.
2. '1'을 은박 포장지로 포장하고, 금색 리본 끈을 이용해 11칸으로 나눈 후 크리스마스 관련 그림들을 각 칸에 붙이고 나머지 한 칸에는 하드보드지를 이용하여 선물 상자(포장지로 포

장 후)를 만들어 붙인다.

3. 게임이 시작되는 부분의 뒷면에 말 보관 상자를 붙일 수 있도록 벨크로 테이프를 붙인다.

|주사위|

1. 하드보드지로 각 변이 같도록 정육면체를 만들고 포장지로 싼 후 같은 색상지에 숫자를 붙인다.
2. 정육면체 각 면의 모서리는 세 군데씩만 붙여서 봉투 역할을 할 수 있도록 한 후 친구를 돕는 그림과 나쁜 행동의 그림을 넣는다.

|말 보관함|

하드보드지로 말 두 개가 설 수 있을 크기의 상자를 만든 후 색시트지로 싼 후 시작 글자를 써서 붙인 다음 벨크로 테이프로 고정한다.

|말|

크리스마스 관련 그림(루돌프 등)을 색상지에 붙여 코팅하여 말이 잘 설 수 있도록 벨크로 테이프로 고정한다.

활동 방법

1. 2명의 유아가 말을 하나씩 정한다.
2. 주사위를 던져 숫자를 확인하고, 나온 면 속에 끼워 있는 카드를 꺼내 본다.
3. 카드의 그림이 친구를 돕는 그림이면 확인한 수만큼 앞으로 가고, 나쁜 행동의 그림이면 수만큼 뒤로 간다. (이때 나쁜 행동의 그림이 나와도 시작점에서 벗어나지 못한 경우라면 움직이지 않는다.)
4. 선물 상자에 먼저 도착한 사람이 상자를 열어 본다.

활동 12 나는 될 테야

연령	영역
만 4세	사회관계

활동 목표

사회관계 > 사회에 관심 갖기 > 지역사회에 관심 갖고 이해하기 > 우리 동네 사람들이 하는 일에 관심을 갖는다.

- 직업에 관심을 가진다.
- 직업의 종류에 관해 안다.
- 직업에 따라 하는 일이 차이가 있음을 안다.

활동 자료

펠트지, 고무줄, 벨크로테이프, 똑딱단추, 실, 바늘, 퀼트솜, 가죽끈, 고리, 가위, 펀치

제작 방법

|간호사 모자, 경찰 모자, 수갑, 집배원 가방, 마이크, 팔레트|

1. 펠트지를 각각의 도안대로 잘라 준다.
2. 간호사 모자, 경찰 모자는 버튼홀스티치하고 아랫부분에 고무줄을 박음질하여 고정시킨다.
3. 집배원 가방은 버튼홀스티치하고 가죽끈을 박음질하여 마무리한 뒤 벨크로를 글루건으로 고정시킨다.
4. 마이크는 버튼홀스티치한 뒤 솜을 넣고 마무리한다.
5. 팔레트는 물감 모양 안에 퀼트솜을 넣고 버튼홀스티치하고 팔레트와 물감 사이에 똑딱단추를 달아 마무리한다.

6. 수갑은 버튼홀스티치한 후 펀치로 구멍을 뚫어 고리로 엮는다.

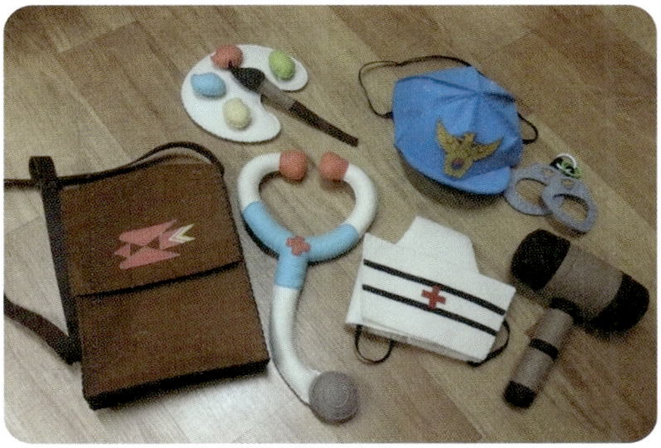

활동 방법

1. 다양한 직업들의 종류에 관해 이야기해 본다.
2. 교구를 보며 누가 사용하는 물건인지 알아본다.
3. 직업들마다 하는 일이 다름을 알고 어떤 일을 하는지 알아본다.
4. 직업들의 교구를 이용하여 자신이 되고 싶은 직업을 표현해 본다.
5. 친구들과 다양한 직업들에 대해 표현해 본다.

활동 13 소리를 만들자

연령	영역
만 4세	예술경험

활동 목표

예술경험>아름다움 찾아보기>음악적 요소 탐색하기>다양한 소리, 음악의 셈여림, 빠르기, 리듬 등에 관심을 갖는다.

- 소리의 박자를 다르게 하여 탐색한다.
- 소리 크기의 차이를 인식한다.
- 음악의 리듬에 맞추어 악기를 연주한다.

활동 자료

재활용 통(2개), 부직포(파란색, 주황색, 검정색), 뿅뿅이, 리본테이프, 호일 주름지(2개), 콩, 쌀, 글루건, 가위

제작 방법

1. 하나의 재활용 통에는 쌀을 넣고 다른 하나의 통에는 콩을 넣은 후 그 위를 각각 파란색, 주황색 부직포로 싼다.
2. 부직포의 남은 윗부분은 리본테이프를 이용해 붙여 주고 검정색 부직포와 뿅뿅이를 이용해 통을 꾸민다.
3. 호일 주름지의 양쪽 끝을 부직포를 이용해 마감해 주고 그 위에 손잡이를 만들어 글루건으로 붙인다.
4. '3' 과 같은 방법으로 한 개 더 만든다.

활동 방법

1. 음률 영역에서 악기의 소리를 탐색한다.
2. 긴 통을 이용하여 소리를 빠르게, 느리게 또는 크게, 작게 만들어 소리를 들어 본다.
3. 빗소리를 상상하며 악기를 연주해 본다.
4. 음악을 틀고 음악에 맞추어 악기를 연주한다.
5. 친구의 악기 연주 소리를 들어 본다.

참고 사항

1. 호일 주름지 악기를 양손으로 연주할 수 있도록 한다.

활동 14 별을 모아요

연령	영역
만 4세	자연탐구

활동 목표

자연탐구>수학적 탐구하기>수와 연산의 기초개념 알아보기>열 개가량의 구체물을 세어 보고 수량을 알아본다.

- 1~10의 숫자에 관심을 가진다.
- 숫자가 나타내는 양만큼 별을 모은다.

자연탐구>수학적 탐구하기>수와 연산의 기초개념 알아보기>구체물 수량에서 '같다', '더 많다', '더 적다'의 관계를 안다.

- 별의 수량을 비교한다.

활동 자료

펠트지(노란색, 빨간색, 파란색), 노란색 실, 바늘, 방울솜, 하드보드지, 양면 테이프, 똑딱단추, 주사위, 가위

제작 방법

|별|

1. 노란색 펠트지로 별을 자른다.
2. 버튼홀스티치로 별을 꿰맨 뒤, 방울솜을 넣는다.
3. 별 뒤에 똑딱단추를 꿰맨다.

|똑딱이판|

1. 파란색, 빨간색 펠트지에 똑딱단추를 꿰맨다.
2. 23×13cm로 하드보드지를 두 개 자른다.
3. 양면 테이프로 처음 만든 것을 붙인다.
4. 버튼홀스티치로 바느질해 준다.

활동 방법

1. 두 유아가 각각 파란색, 빨간색 판을 가진다.
2. 가위바위보로 순서를 정한다.
3. 이긴 유아 먼저 주사위를 굴린다.
4. 주사 위에서 나온 수만큼 별을 붙인다.
5. 다음 유아도 마찬가지로 주사위를 굴린다.
6. 주사 위에서 나온 수만큼 별을 붙인다.
7. 별을 15개 먼저 모은 유아가 승리한다.

참고 사항

1. 정해진 시간 내에 누가 별을 먼저 붙이는지 게임을 할 수도 있고, 별로 전광판 숫자나 글자를 만들어 볼 수도 있다.

활동 15 비눗방울을 만들어요

연령	영역
만 4세	자연탐구

활동 목표

자연탐구>수학적 탐구하기>수와 연산의 기초개념 알아보기>열 개가량의 구체물을 세어 보고 수량을 알아본다.

- 1~10의 숫자에 관심을 가진다.
- 숫자가 나타내는 양만큼 비눗방울을 모은다.

자연탐구>수학적 탐구하기>수와 연산의 기초개념 알아보기>구체물 수량에서 '같다', '더 많다', '더 적다' 의 관계를 안다.

- 비눗방울의 수량을 비교한다.

활동 자료

접착 시트지(초록색, 연두색, 하늘색), 솜, 비눗방울 부는 아이 그림 2개, 코팅지, 주사위, 벨크로 테이프, 뽕뽕이(분홍색, 주황색 각 15개), 우드락, 마스킹 테이프, 뽕뽕이 넣을 작은 상자(2개), 가위

제작 방법

1. 우드락에 하늘색 접착 시트지를 붙이고 솜으로 구름을 만들어 붙인다.
2. 초록색, 연두색 접착 시트지를 붙여 동산을 만든다.
3. 비눗방울 부는 두 아이의 모습을 인쇄해 코팅한 후 붙이고 벨크로 테이프를 이용해 비눗방울을 붙일 자리를 만든다.
4. 상자 두 개에 주황색, 분홍색 뽕뽕이를 15개씩 넣는다.

활동 방법

1. 분홍색과 주황색 비눗방울을 서로 나누어 가진 후, 가위바위보를 해 먼저 할 사람을 정한다.
2. 주사위를 던져 나오는 수만큼 비눗방울을 붙인다.
3. 15개의 비눗방울을 먼저 붙인 사람이 이긴다.
4. 자신이 붙였던 비눗방울 숫자를 세며 떼어내 상자 안으로 넣는다.

참고 사항

1. 누가 비눗방울을 빨리 붙이는지 게임 형식으로 진행할 수 있다.

활동 16 사과 속 애벌레

연령	영역
만 4세	자연탐구

활동 목표

자연탐구>수학적 탐구하기>수와 연산의 기초개념 알아보기>열 개가량의 구체물을 세어 보고 수량을 알아본다.

- 1~10의 숫자에 관심을 가진다.
- 애벌레와 숫자를 수량에 맞게 대응시킨다.
- 순서대로 숫자를 세어 본다.

활동 자료

펠트지(빨간색, 초록색, 아이보리색), 퀼트 솜, 실, 바늘, 뽕뽕이, 눈알, 글루건, 자, 가위, 칼

제작 방법

|사과 잎|

1. 초록색 펠트지를 사과 잎 모양으로 20장 자른다.
2. 아이보리색 펠트지로 하나~열, 1~10 숫자를 오린다.
3. 사과 잎 앞면에는 1~10을 바느질한다.
4. 사과 잎 뒷면에는 하나~열을 바느질한다.
5. 사과 잎 앞면은 사과 모양 앞면에, 사과 잎 뒷면은 사과 모양 뒷

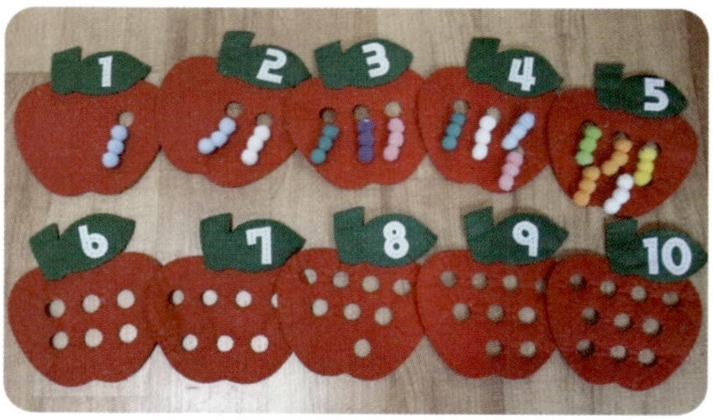

면에 박음질한다.
6. 사과 잎 윗부분은 두 장 겹쳐 버튼홀스티치한다.

|사과|

1. 빨간색 펠트지를 사과 모양으로 30장 자른다.
2. 세 장을 한 세트로 사과의 구멍을 1~10개 오려 낸다.
3. 구멍이 같은 세 장을 겹쳐 사과의 겉면과 구멍 부분을 버튼홀스티치하여 마무리한다.

|애벌레|

1. 같은 색의 뽕뽕이 3개를 글루건으로 붙여 연결한다.
2. 앞부분에 눈알 2개를 글루건으로 붙여 준다.

활동 방법

1. 사과 잎에 쓰여 있는 1~10, 하나~열까지의 숫자를 읽어 본다.
2. 사과에 있는 구멍의 개수를 세어 본다.
3. 사과 잎에 쓰여 있는 숫자를 보고 같은 수만큼 애벌레를 꺼내어 구멍에 넣어 본다.
4. 구멍의 숫자와 애벌레의 숫자가 같은지 비교해 본다.

참고 사항

1. 사과와 애벌레를 이용하여 덧셈과 뺄셈을 해볼 수 있다.
2. 유아들은 사과 구멍 속에 애벌레를 넣어 보며 눈과 손의 협응력 및 소근육 발달에 도움을 받는다.

활동 17 지오보드

연령	영역
만 4세	자연탐구

활동 목표

자연탐구>수학적 탐구하기>공간과 도형의 기초개념 알아보기>기본 도형을 사용하여 여러 가지 모양을 구성해 본다.

- 다양한 도형을 구성할 수 있다.
- 공간 개념을 형성한다.

활동 자료

우드락(기본 색 2장, 초록색, 파란색, 빨간색, 주황색), 나무젓가락, 색테이프, 고무줄 넣을 상자, 색색깔의 고무줄

제작 방법

1. 기본 색 우드락 2장을 연결하여 지오보드 바닥을 만든다.
2. 색색의 우드락을 기본 색 우드락 위에 붙인다.
3. 나무젓가락을 크기에 맞추어 자른다.
4. 자른 나무젓가락을 색테이프로 감싼다.
5. 색테이프로 감싼 나무젓가락을 색색깔의 우드락 위에 꽂는다.

활동 방법

1. 지오보드 판을 준비한다.
2. 여러 종류 크기의 고무줄을 이용해 모양을 만들어 본다.
3. 도형, 면적, 위치 이동 등을 이해하며 도형을 만들어 본다.
4. 자유 모형을 창안해 동물 등 창작 작품을 만들어 본다.

활동 18 시간 여행

연령	영역
만 4세	자연탐구

활동 목표

자연탐구>탐구하는 태도 기르기>탐구과정 즐기기>궁금한 점을 알아보는 탐구과정에 관심을 가지고 참여한다.

- 옛날 물건과 오늘날의 물건을 연결할 수 있다.
- 주사위의 역할을 이해하고 주사위를 사용한다.
- 규칙을 알고 게임을 진행할 수 있다.

활동 자료

한지, 마스킹 테이프, 시트지, 색지, 부직포(6가지 색), 바늘, 실, 작은 종, 스펀지, 하드보드지, 머메이드지, 코팅지, 가위

제작 방법

|게임판|

1. 하드보드지 한 장을 반으로 접은 후 앞면에 바탕이 될 한지를 붙인다.
2. 다른 색의 한지로 길을 만들어 붙인 후 마스킹 테이프로 칸을 나눈다.
3. 옛날 물건, 오늘날 물건을 인쇄한 후 배지를 대고 각 칸에 붙인다.
4. 시트지로 싼 후 뒷면에 검정색 머메이드지를 붙인다.
5. 제목을 인쇄해 배지를 대고 접은 부분의 앞쪽에 붙인 다음 시트지를 붙이고 마스킹 테이프로 마무리한다.

|주사위|

1. 스펀지를 8×8×8(cm)로 자르고 구멍을 뚫어 그 속에 작은 종을 넣는다.
2. 6가지 색의 부직포를 8×8(cm)로 자른 후 각각의 색에 1~6까지의 숫자를 바느질한다.
3. 6장의 부직포를 스펀지의 각 면에 대고 모서리를 버튼홀스티치해 마무리한다.

|말|

1. 여자, 남자 아이가 한복을 입은 사진을 인쇄해 코팅한다.
2. 말이 서 있을 수 있게 코팅한 것을 오려 삼각형으로 만들고 사진을 붙인다.

활동 방법

1. 말을 출발 위에 올려놓는다.
2. 주사위를 던져 나온 숫자만큼 앞으로 나간다.
3. 말이 올라간 부분에 오늘날 물건이 있다면 옛날 물건으로 이동한다.
4. 말이 아무것도 없는 칸에 가거나 옛날 물건 칸에 가면 아무 이동도 하지 않는다.
5. 먼저 도착 칸에 도착하는 유아가 이긴다.

참고 사항

1. 숫자 주사위 놀이에 익숙해지면 주사위에 뒤로 1칸, 앞으로 2칸 등을 표시해 한 단계 높여 게임을 진행할 수 있다.

활동 19 도형 만들기

연령	영역
만 4세	자연탐구

활동 목표

자연탐구>수학적 탐구하기>공간과 도형의 기초개념 알아보기>기본 도형을 사용하여 여러 가지 모양을 구성해 본다.

- 정해진 방법에 따라 모양을 구성한다.
- 도형으로 표현한 색을 탐색한다.
- 도형으로 구성한 모양을 탐색한다.

활동 자료

요구르트병, 래커, 바구니, 하드보드지, 빈 통, 8절 도화지, 부직포, 사인펜, 색연필, 시트지, 마스킹 테이프

제작 방법

|요구르트 틀|

1. 요구르트병 밑 부분을 도려낸다.
2. 요구르트 통을 바구니에 글루건으로 고정시킨다.
3. 바구니의 남은 빈 공간에는 보관함이 들어갈 수 있도록 칸을 분리한다.
4. 도려낸 요구르트병 밑부분은 래커를 뿌려 색을 입힌다.

|보관함|

1. 빈 통의 둘레를 부직포로 둘러 붙인다.
2. 통의 윗부분은 뚜껑을 열고 닫을 때 망가지지 않도록 마스킹 테이프를 붙인다.

|예시 도안|

1. 8절 도화지에 사인펜으로 사각 틀을 그린다.
2. 색연필로 도안을 그려 주고 색칠한다.
3. 도안을 하드보드지에 붙인 후 시트지로 마무리한다.

활동 방법

1. 요구르트병의 색과 도형의 색을 관찰해 본다.
2. 예시 도안에 어떠한 모양들이 있는지 이야기를 나누어 본다.
3. 예시 도안들을 보면서 요구르트의 병을 정렬해 본다.
4. 완성된 모양을 살펴본다.
5. 예시로 된 도안 없이 유아 스스로 모형을 만들어 볼 수 있도록 유도한다.

참고 사항

1. 글자를 만들어 볼 수 있다.

활동 20 시장에 갔어요

연령	영역
만 4세	자연탐구

활동 목표

자연탐구>수학적 탐구하기>기초적인 자료 수집과 결과 나타내기>한 가지 기준으로 자료를 분류해 본다.

- 시장에서 볼 수 있는 가게에 관심을 가진다.
- 시장에서 파는 물건들을 안다.
- 물건을 파는 가게의 종류에 따라 분류한다.

활동 자료

함석판, 고무자석, 고리, 코팅지, 마스킹 테이프, 양면 테이프, 펀치, 가위

제작 방법

1. 시장에 있는 가게들의 그림을 인쇄한 뒤 코팅한다.
2. 코팅한 가게 그림을 함석판 위에 붙인다.
3. 함석판 테두리를 마스킹 테이프로 둘러 마무리한다.
4. 가게 그림을 붙인 함석판에 펀치로 구멍을 뚫고 고리를 끼워 연결한다.
5. 가게에서 파는 물건들의 그림을 인쇄한 뒤 코팅한다.
6. 코팅한 물건 그림을 둥글게 오린 뒤 뒷면에 고무자석을 잘라 붙여 준다.

활동 방법

1. 시장에 가 본 경험에 대해 이야기 나눈다.
2. 시장에서 파는 물건들에 대해 알아본다.
3. 시장에 있는 가게들에 대해 이야기 나눈다.
4. 가게별로 파는 물건들이 다름을 알고, 분류하여 붙여 본다.

참고 사항

1. 물건을 파는 사람과 사는 사람을 나누어 활동해 볼 수 있다.
2. 시장을 방문하여 시장에서 파는 물건들을 살펴볼 수 있다.

활동 21 땅따먹기

연령	영역
만 4세	자연탐구

활동 목표

자연탐구>수학적 탐구하기>수와 연산의 기초 개념알아보기>열 개가량의 구체물을 세어 보고 수량을 알아본다.

- 10개가량의 구체물을 세어 본다.
- 숫자가 나타내는 양을 안다.

자연탐구>수학적 탐구하기>수와 연산의 기초개념 알아보기>구체물 수량에서 '같다', '더 많다', '더 적다' 의 관계를 안다.

- '같다', '더 많다', '더 적다' 의 관계를 안다.

활동 자료

하드보드지, 시트지, 계란판, 마스킹 테이프, 색지, 아크릴물감, EVA

제작 방법

|땅따먹기판|

1. 하드보드지에 색지를 싼 후 제목을 붙이고 시트지로 감싼다.
2. 시트지로 감싼 땅따먹기판에 테두리를 마스킹 테이프로 마감한다.
3. 계란판을 아크릴물감으로 색칠한 후 잘 말려 땅따먹기판에 붙인다.

|주사위|

1. 하드보드지로 만든 사각 상자에 색지를 붙여 준 후 1~6까지의 숫자를 뽑아 각 면에 붙인다.

2. 시트지로 잘 감싼 후 마스킹 테이프로 테두리를 마감한다.

|말|

1. 계란판의 볼록한 면 윗부분을 잘라 파란색, 분홍색 아크릴물감으로 색칠한 후 잘 말린다.
2. EVA를 별, 하트 모양으로 잘라 색칠해 놓은 계란판에 붙인다.

활동 방법

1. 땅따먹기판과, 말들을 살펴본다.
2. 말을 정한 후, 주사위를 굴려 나오는 숫자를 살펴본다.
3. 숫자만큼 말을 계란판 위에 올려놓는다.
4. 계란판 위에 말이 제일 많이 올려진 쪽이 이긴다.

참고 사항

1. 빙고 게임으로도 확장하여 놀이해 볼 수 있다.

제 5 장

만 5세를 위한 교재교구 활동

누리과정 영역	활동 번호	교재교구 활동명
신체운동 · 건강	1	몸으로 움직여요
	2	사방치기
의사소통	3	문장 만들기
	4	카드 먹는 상자
	5	글자 찾기
	6	반대말 찾기
	7	내 이름은 무엇일까요?
	8	자음과 모음이 만났어요
	9	글자 맞추기
	10	단어 찾기
사회관계	11	윷놀이
	12	세계 여러 나라를 다녀요

누리과정 영역	활동 번호	교재교구 활동명
예술경험	13	교실 꾸미기
	14	명화 감상하기
자연탐구	15	얼마일까요?
	16	달력 숫자 빙고
	17	대칭 놀이
	18	시계 놀이
	19	오목 놀이
	20	테트리스 만들기
	21	태양계 퍼즐 맞추기
	22	분리수거를 해요
	23	재활용품 분리수거 하기
	24	포도 완성하기
	25	동물 빙고
	26	바둑알 놀이
	27	별자리를 알아봐요

활동 1 몸으로 움직여요

연령	영역
만 5세	신체운동 · 건강

활동 목표

신체운동 · 건강>신체 조절과 기본 운동하기>신체 조절하기>신체 각 부분을 협응하여 움직임을 조절한다.

- 신체 각 부분의 움직임을 조절한다.
- 다양한 자세를 취한다.

신체운동 · 건강>신체 조절과 기본 운동하기>신체 조절하기>다양한 자세와 움직임에서 신체 균형을 유지한다.

- 신체 균형을 유지하면서 자세를 취한다.

활동 자료

부직포(흰색, 빨간색, 파란색, 노란색), 솜공(빨간색, 파란색, 노란색), 글루건, 타원형 상자, 가위

제작 방법

|판|

1. 빨간색, 파란색, 노란색 부직포를 지름 20cm의 원으로 자른다.
2. 흰색 부직포를 가로 세로 각각 1m의 사각형으로 자른다.
3. 흰색 부직포에 글루건을 이용하여 빨간색, 파란색, 노란색의 동그란

부직포를 골고루 붙인다.

|솜공 통|

1. 타원형 상자의 윗 부분을 부직포로 붙인다. 이때, 손이 들어가고 나올 수 있도록 엑스자로 칼집을 넣어 준다.
2. 타원형 상자의 옆 부분을 부직포로 싼다.

활동 방법

1. 두 명의 유아 중, 한 명은 판 위로 가고 한 명은 통을 가지고 있는다.
2. 통을 가진 유아가 공을 뽑는다.
3. 공의 색에 따라 판 위에 있는 유아가 손과 발을 올려놓는다.
4. 번갈아 가면서 게임을 한다.
5. 손과 발을 색깔 바닥에 모두 올려놓지 못하면 지게 된다.
6. 공을 뽑아서 나온 색을 따라서 판의 끝에서 끝으로 가는 게임도 해볼 수 있다.

참고 사항

1. 부직포에 숫자를 붙여 주사위를 이용해 땅따먹기 게임으로 활동할 수 있다.

활동 2 사방치기

연령	영역
만 5세	신체운동 · 건강

활동 목표

신체운동 · 건강>신체 조절과 기본 운동하기>신체 조절하기>다양한 자세와 움직임에서 신체 균형을 유지한다.

- 한 발로 서서 균형을 유지한다.
- 발을 바꾸며 이동한다.
- 전통놀이를 경험한다.

활동 자료

펠트지(황토색, 흰색, 분홍색, 하늘색, 갈색, 노란색 등), 솜, 줄, 마스킹 테이프

제작 방법

|말|

1. 펠트지를 도넛 모양으로 재단한다.
2. '1' 안에 솜을 넣고 버튼홀스티치로 바느질하여 마무리한다.

|놀이판|

1. 글루건을 이용해 황토색 펠트지를 돗자리 위에 붙인다.
2. 줄을 이용해 사방치키 칸을 나눈다.
3. 펠트지를 숫자와 사람, 동물 모양으로 재단하여 붙인다.
4. 돗자리 테두리를 마스킹 테이프로 마무리한다.

|주사위|

1. 펠트지를 오각형 모양으로 10장 잘라 각각의 색에 1~8까지의 숫자와 '꽝' (2개)

을 붙인다.

2. 10장의 펠트지 각 면 모서리를 맞대어 버튼홀스티지로 바늘질해 마무리한다.

활동 방법

1. 팀을 두 팀으로 나눈다.
2. 한 명씩 주사위를 던져 나온 수만큼 말을 옮긴다.
3. 먼저 숫자 8에 도착하는 유아가 승리한다.

참고 사항

1. 틀의 모양이나 숫자를 임의로 바꾸어서 활용할 수 있다.
2. 더 많은 말을 만들어 여러 유아들이 참여하도록 할 수 있다.

활동 3 문장 만들기

연령	영역
만 5세	의사소통

활동 목표

의사소통>읽기>읽기에 흥미 가지기>주변에서 친숙한 글자를 찾아 읽어 본다.

- 여러 단어를 사용해 문장을 완성할 수 있다.
- 문장을 완성한 뒤, 유아 스스로 읽어 볼 수 있다.

활동 자료

펠트지(핑크색, 노란색, 검정색, 흰색, 갈색), 코팅된 단어, 벨크로 테이프, 가위

제작 방법

1. 여러 가지 색의 펠트지를 책 모양으로 재단한다.
2. 재단된 책 모양을 책으로 엮는다.
3. 코팅된 단어 뒷면에 벨크로 테이프를 붙인다.
4. 완성된 책에 코팅된 단어를 여러 페이지에 나누어 붙인다.
5. 책 앞표지를 꾸며 준다.

활동 방법

1. 책을 유아 스스로 펼쳐 어떤 글자(문장)가 있는지 알아본다.
2. 주어진 여러 단어를 이용해 문장을 완성해 본다.
3. 여러 명의 유아들이 문장을 함께 만들어 본다.

참고 사항

1. 다른 단어들을 추가해 새로운 문장을 만들도록 한다.
2. 아직 단어가 서투른 유아들은 간단한 문장으로 변경해 활동할 수 있다.

활동 4 카드 먹는 상자

연령	영역
만 5세	의사소통

활동 목표

의사소통>읽기>읽기에 흥미 가지기>읽어 주는 글의 내용에 관심을 가지고 읽어 본다.

- 질문과 답의 내용을 이해한다.
- 질문과 답을 읽는다.

의사소통>말하기>낱말과 문장으로 말하기>다양한 낱말을 사용하여 상황에 맞게 말한다.

- 질문에 맞는 답을 말로 표현한다.

활동 자료

우드락, 하드보드지, OHP 필름, 펠트지, 색상지, 코팅지

제작 방법

|상자|

1. 우드락과 하드보드지를 양면 테이프로 붙인다.
2. '1'을 20×10, 10×25, 25×20cm 크기로 두 장씩 자르고 하드보드지 면에 펠트지를 붙인다.
3. 25×20 크기의 한 면에 8×2cm 크기로 입구(위쪽)와 출구(아래쪽)를 만든다.
4. 윗면을 뺀 나머지 부분을 글루건으로 붙여 상자를 만든다.
5. 출구에 하드보드지 8×5cm 크기의 카드 나오는 곳을 만들어 붙인다.

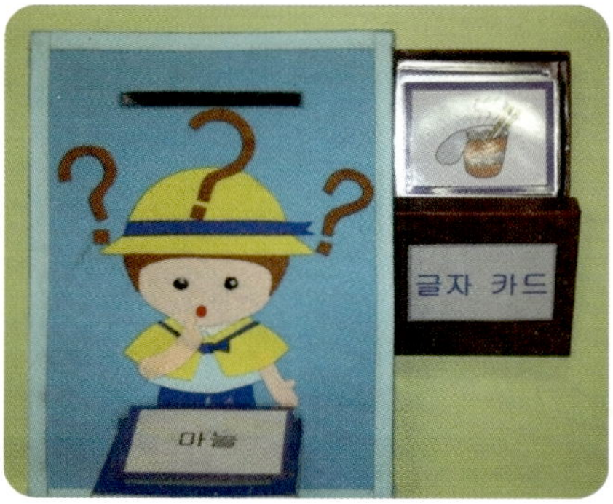

6. OHP 필름을 8×15cm 크기로 잘라 상자 안에서 출구 쪽으로 빼내 카드 나오는 판에 붙인다.
7. 상자 안쪽에 붙어 있는 OHP 필름을 구부려 카드가 출구로 자연스럽게 빠져 나올 수 있도록 조절하며 상자 뒷면에 필름을 붙인다.
8. 카드가 양옆으로 떨어지지 않도록 칸막이를 만들어 붙인다.
9. 상자 윗면을 붙인다.

|카드|

1. 수수께끼의 문제를 색상지 위에 잘라 붙인다.
2. 수수께끼의 답을 문제 뒷면에 뒤집어 붙인다.
3. 코팅하여 자른다.

활동 방법

1. 카드의 문제를 읽는다.
2. 카드를 상자 입구에 넣는다.
3. 답을 생각해 본다.
4. 출구로 나온 답을 확인한다.

참고 사항

1. 카드의 난이도를 다르게 하여 활용할 수 있다. (그림 카드, 낱말 카드, 문장 카드 등)

활동 5 글자 찾기

연령	영역
만 5세	의사소통

활동 목표

의사소통>읽기>읽기에 흥미 가지기>주변에서 친숙한 글자를 찾아 읽어 본다.

- 자음과 모음을 조합하여 낱말을 만든다.
- 친숙한 낱말을 읽는다.

의사소통>쓰기>쓰기에 관심 가지기>말이나 생각을 글로 나타낼 수 있음을 안다.

- 친숙한 말을 글로 표현할 수 있음을 안다.

활동 자료

펠트지, 계란판(4개), 스티로폼 공(60개), 물감, 양면 테이프, 마스킹 테이프, 삼각 달력, 흰 종이, 글루건, 가위, 칼

제작 방법

|자음 & 모음 공|

1. 펠트지에 한글 자음 19개, 모음 21개의 본을 그린다.
2. 본을 가위로 자른다.
3. 동그란 스티로폼 공에 물감을 칠해 자음과 모음을 구분한다.
4. 자음과 모음을 공 위에 붙인다.
5. 계란판 위에 자음과 모음을 구분하여 채워 넣는다.

|활동판(2개)|

1. 계란판을 반으로 자른다.
2. 모서리는 마스킹 테이프를 붙여 마무리한다.

|단어 카드|

1. 삼각 달력에 흰 종이를 붙여 배경을 만든다.
2. 단어를 달력에 붙인다.

활동 방법

1. 단어 카드를 보며 단어 카드에 맞는 모음과 자음을 꺼내서 글자를 만든다.
2. 모음과 자음을 조합해서 여러 가지 단어들을 만든다.
3. 단어를 보고 읽는다.
4. 친구와 함께 활동할 때는 단어를 먼저 만드는 사람이 이긴다.

참고 사항

1. 계란판과 공을 담을 수 있는 상자를 마련하여 정리함을 만든다.

활동 6 반대말 찾기

연령	영역
만 5세	의사소통

활동 목표

의사소통>듣기>낱말과 문장 듣고 이해하기>다양한 낱말과 문장을 듣고 뜻을 이해한다.

- 낱말을 듣고 뜻을 이해한다.
- 반대의 뜻을 가진 낱말이 있음을 안다.

의사소통>읽기>읽기에 흥미 가지기>읽어 주는 글의 내용에 관심을 가지고 읽어 본다.

- 낱말을 소리 나는 대로 읽는다.

활동 자료

하드보드지, 우드락, 색깔 시트지, 색지, 투명 시트지, 압핀, 고무줄, 벨크로 테이프, 가위

제작 방법

|반대말판|

1. 하드보드지 위에 우드락을 붙인다.
2. 우드락 위에 색깔 시트지를 붙여 준다.
3. 투명 시트지를 붙여 준다.
4. 낱말 카드 붙일 위치에 압핀을 고정시킨다.

|낱말 카드|

1. 코팅한 낱말 카드에 하드보드지를 붙인다.
2. 색지에 낱말 카드를 붙여서 자른다.

3. 낱말 카드 뒷면에 벨크로 테이프를 붙인다.

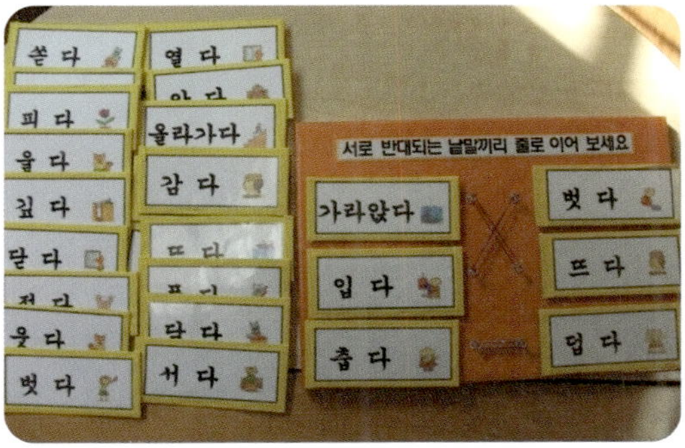

활동 방법

1. 유아들 여러 명이 함께 한다.
2. 반대말판에서 서로 반대되는 낱말을 찾는다.
3. 낱말을 찾으며 뜻을 이해한다.

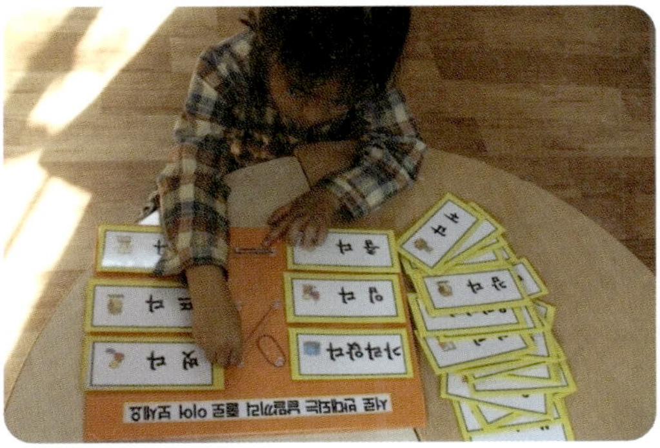

참고 사항

1. 다른 단어를 추가해 문장을 만들어 보는 활동으로 진행할 수 있다.

활동 7 내 이름은 무엇일까요?

연령	영역
만 5세	의사소통

활동 목표

의사소통>읽기>읽기에 흥미 가지기>주변에서 친숙한 글자를 찾아 읽어 본다.

- 채소 이름에 관심을 가진다.
- 채소 이름을 읽는다.

의사소통>읽기>책 읽기에 관심 가지기>책의 그림을 단서로 내용을 이해한다.

- 그림을 보고 글자를 찾는다.

활동 자료

함석판, 코팅지, 마스킹 테이프, 고무자석, 하드보드지, 양면 테이프, 투명 테이프, 가위

제작 방법

|게임판|

1. 워드 작업으로 그림 칸과 낱말 칸을 구별하여 색을 채운다.
2. 두 개의 판으로 나눠 낱말이 이어지게 작업한다.
3. 게임판, 겉표지, 뒷면을 출력하여 코팅한다.
4. 하드보드지 2장을 게임판 크기에 맞춰 자른다.
5. 양면 테이프를 이용해 하드보드지에 함석판을 붙이고 그 위에 게임판을 붙인다.
6. 투명 테이프를 이용해 두 개의 판을 이어 붙인다.
7. 마스킹 테이프를 이용해 접는 책으로 만든다.

|낱말 카드|

1. 그림에 맞는 글씨를 출력하여 코팅한다.
2. 양면 테이프를 이용해 고무자석에 붙인다.
3. 글씨를 자른다.
4. 다른 색으로 글자를 만든다.

활동 방법

1. 그림을 보고 이름을 생각한다.
2. 2명이서 각각의 자기 낱말 카드를 노란색 칸에 맞게 붙인다.
3. 한 글자씩 붙이며 노란색 칸을 다 채우면 게임이 끝난다.
4. 자기가 가지고 있는 낱말 카드 색이 많으면 이긴다.

참고 사항

1. 혼자서 낱말 맞추기 활동을 할 수 있다.

활동 8 자음과 모음이 만났어요

연령	영역
만 5세	의사소통

활동 목표

의사소통>쓰기>쓰기에 관심 가지기>자신의 이름과 주변의 친숙한 글자를 써 본다.

- 자음과 모음의 이름을 안다.
- 자신의 이름을 글자로 써 본다.
- 친숙한 낱말을 글자로 표현한다.

활동 자료

함석판, EVA, 고무자석, 코팅지, 마스킹 테이프, 양면 테이프, 글루건, 가위

제작 방법

|한글판|

1. 컴퓨터를 이용하여 자음, 모음판을 만들어 코팅한 뒤 함석판에 고정시킨다.
2. 함석판 뒷면은 EVA를 붙여 마스킹 테이프로 마무리한다.
3. 글자 카드를 코팅하여 모서리를 둥글게 자른 뒤 뒷면에 고무자석을 알맞은 크기로 잘라 붙인다.

|주사위|

1. 주사위 도면에 자음 'ㄱ~ㅎ', 모음 'ㅏ~ㅣ'를 넣고 코팅한 뒤 주사위 도면의 테두리를 자른다.
2. 주사위의 접히는 부분에 칼집을 내고 글루건으로 고정해 주사위를 완성한다.

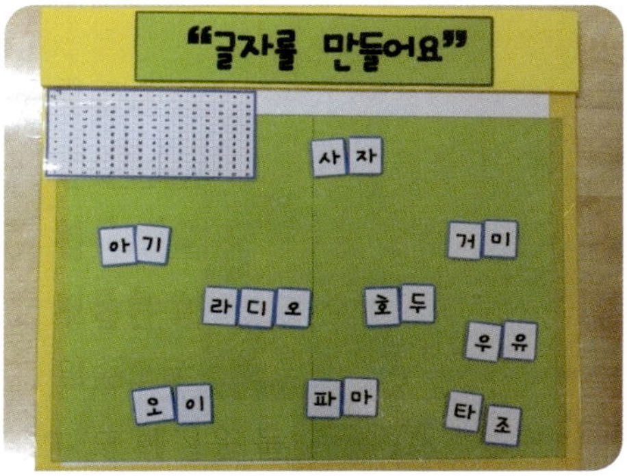

활동 방법

1. 주사위를 보며 자음과 모음의 종류를 알아본다.
2. 주사위를 던져 자음과 모음을 결합시켜 본다.
3. 자음과 모음이 만나 만들어진 한글 카드를 찾아 글자판에 붙인다.
4. 정답 카드를 보며 한글판을 확인한다.
5. 한글 카드를 이용하여 글자를 만들어 본다.

참고 사항

1. 보는 방향에 따라 모음이 달라질 수 있으므로 모음의 윗부분을 표시해 주어 올바른 글자를 알 수 있게 한다.

활동 9 글자 맞추기

연령	영역
만 5세	의사소통

활동 목표

의사소통>읽기>읽기에 흥미 가지기>주변에서 친숙한 글자를 찾아 읽어 본다.

- 그림을 보고 글자를 찾는다.
- 채소와 과일의 이름을 읽는다.

수학적 탐구하기>기초적인 자료 수집과 결과 나타내기>한 가지 기준으로 분류한 자료를 다른 기준으로 재분류해 본다.

- 모양과 색이 나타내는 글자를 구분한다.

활동 자료

다양한 채소와 과일 사진, 코팅지, 고리, 우드락, 색 마스킹 테이프, 색지, 벨크로 테이프, 가위

제작 방법

1. 색깔과 모양을 가지고 표를 만들어 채소와 과일의 이름에 나오는 글자를 하나씩 넣는다. 표를 출력한 후 글자만 따로 한 부 출력한다.
2. 세 글자 이하의 채소와 과일의 이름을 표에 나오는 모양에 맞춰 이름을 쓴다.
3. 채소와 과일의 사진을 모양 글자 옆에 붙인다.

4. 코팅한 후 사진과 모양 글자는 고리로 묶어 책처럼 만든다.
5. 표는 코팅한 후 우드락을 덧대고 뒷면에는 색지를 덧대어 크기에 맞게 자른 후 색 마스킹 테이프로 마무리한다.
6. 글자만 출력한 것을 한 글자씩 오려 코팅한 후 같은 크기로 자른다.
7. 표와 모양 글자에는 벨크로 테이프의 보슬이 부분을 붙이고 글자 뒷면에는 벨크로 테이프의 까슬이를 붙여 완성한다.

활동 방법

1. 모양 글자 책을 보며 어떤 채소와 과일이 있는지 이야기 나눈다.
2. 표를 보는 방법에 대해 알려 준다.
3. 모양과 색깔이 일치하는 곳의 글자가 무엇인지 같이 이야기해 본다.
4. 모양 글자에 맞는 글자를 찾아 붙여 본다.
5. 뒷면의 정답을 확인하며 잘 찾아 붙였는지 확인해 본다.
6. 글자를 함께 읽어 본다.

참고 사항

1. 한 글자부터 점차 글자 수를 늘려 가며 책을 구성한다.
2. 세 글자 이상의 단어로 책을 구성해 심화된 활동을 해볼 수 있다.
3. 친숙한 채소와 과일 이름 외에 우리 주변의 다양한 물건의 이름으로 책을 구성해 볼 수 있다.

활동 10 단어 찾기

연령	영역
만 5세	의사소통

활동 목표

의사소통>읽기>읽기에 흥미 가지기>주변에서 친숙한 글자를 찾아 읽어 본다.

- 친숙한 글자에 관심을 가진다.
- 카드의 글자를 읽는다.

의사소통>듣기>낱말과 문장 듣고 이해하기>다양한 낱말과 문장을 듣고 뜻을 이해한다.

- 사계절과 관련된 낱말을 안다.

활동 자료

사계절에 관련된 사진, 코팅지, EVA, 우드락, 색지, 고리, 양면 테이프, 펀치, 열선 커터기, 글루건, 가위

제작 방법

|단어 카드|

1. 각 계절에 관련된 사진과 단어가 있는 그림 카드를 코팅한다.
2. 코팅된 사계절 그림 카드를 고리가 들어갈 수 있도록 펀치로 구멍을 낸다.
3. 구멍이 난 곳에 고리를 연결한다.

|숨은 글자판|

1. 계절별로 2~3음절의 여러 가지 단어들이 섞여 있는 글자판을 코팅한다.
2. EVA 판을 글자판보다 4~5cm 크게 자른 후 EVA 위에 글자판을 글루건으로 붙여 고정시킨다.

|돋보기|

1. 색지로 돋보기 모양을 만들어 코팅한 후 우드락에 붙인다.
2. 열선 커터기로 우드락을 돋보기 모양으로 자른다.
3. 2, 3개의 홈을 네어 단어 카드의 단어를 볼 수 있도록 한다.

활동 방법

1. 계절에 관련된 단어 카드에 무엇이 있는지 알아본다.
2. 글자판과 돋보기를 보고 어떻게 놀이할 수 있을지 알아본다.
3. 단어 카드를 보며 돋보기로 숨은 글자판 속의 계절과 관련된 단어를 찾아본다.
4. 친구들과 단어 찾기 게임을 해 본다.

참고 사항

1. 돋보기를 바꾸어 가며 다양한 단어를 찾아볼 수 있다.

활동 11 윷놀이

연령	영역
만 5세	사회관계

활동 목표

사회관계>사회에 관심 갖기>우리나라에 관심 갖고 이해하기>우리나라의 전통, 역사, 문화에 관심을 갖는다.

- 전통놀이를 경험한다.
- 전통놀이의 방법을 이해한다.

사회관계>다른 사람과 더불어 생활하기>친구와 사이좋게 지내기>친구와 협동하며 놀이한다.

- 편을 나누어 게임하는 즐거움을 안다.

활동 자료

펠트지(고동색, 황토색, 검정색, 연두색, 노란색, 분홍색), 두꺼운 천(판), 지름 3cm 백업, 얼굴 인쇄물, 한복 도안, 게임 방법 인쇄물, 동그라미 인쇄물, 코팅지, 가위, 글루건, 실, 바늘, 펀치, 고리 1개

제작 방법

|윷|

1. 고동색 펠트지(12.5×3.5cm, 4.5×3.5cm), 황토색(12.5×3.5cm)를 자르고 반으로 자른 백업을 속에 넣고 꿰맨다.
2. 꿰맨 윷 중 세 개의 둥근 윗면에 X 모양의 검정색 펠트지를 각각 3개씩 붙이고 한 개의 윷 뒷부분엔 모양의 분홍색 펠트지를 붙인다.

|윷판|

1. 두꺼운 천 위에 동그라미 모양으로 코팅한 후 윷판에 맞게 붙인다.
2. 게임의 출발(노란색 펠트지), 방향(연두색 펠트지)을 구분하여 화살표를 붙인다.

|말|

한복 도안에 아이들의 얼굴을 붙이고 코팅한 후 뒷부분에 코팅지를 삼각 지지대로 만들어 붙인다.

|안내책|

윷놀이 사용 방법을 정리하여 코팅한 후 상단 왼쪽에 구멍을 뚫어 고리를 끼운다.

활동 방법

1. 윷놀이의 유래와 언제 하는 놀이인지 이야기를 나눈다.
2. 게임의 규칙에 대해 안내책을 넘겨 보며 함께 알아본다.
3. 자신의 말을 선택하여 게임을 해 본다.
4. 편을 나누어 게임을 해 본다.

참고 사항

1. 놀이가 익숙지 않을 경우 교사가 옆에서 도움을 준다.

활동 12 세계 여러 나라를 다녀요

연령	영역
만 5세	사회관계

활동 목표

사회관계>사회에 관심 갖기>세계와 여러 문화에 관심 가지기>세계 여러 나라에 대해 관심을 갖고, 서로 협력해야 함을 안다.

- 나라를 상징하는 국기에 대해 이해한다.
- 국기 모양의 차이를 인식한다.
- 국기의 이름에 관심을 가진다.

활동 자료

돗자리, 세계 여러 나라의 국기, 코팅지, 주사위, 마스킹 테이프, 양면 테이프, 가위

제작 방법

1. 세계 여러 나라의 국기를 코팅한다.
2. 코팅한 국기를 양면 테이프를 이용해 돗자리에 차례대로 붙인다.
3. 차례대로 붙인 국기를 마스킹 테이프로 이어 준다.
4. 출발과 도착을 돗자리에 붙여 마무리한다.
5. 돗자리에 붙인 국기와 동일하게 축소판 국기를 하나씩 더 만든다.

활동 방법

1. 축소판 국기를 보면서 각 나라의 이름과 국기를 연결하여 알아본다.
2. 출발선에 유아가 선다.
3. 주사위를 던져 나온 수만큼 앞으로 간다.
4. 도착한 곳의 국기가 어느 나라의 것인지 맞히면 게임을 계속한다.
5. 어느 나라인지 맞히지 못하면 한 타임 쉬어 간다.
6. 마지막 나라에 먼저 도착하는 유아가 이긴다.

참고 사항

1. 돗자리가 움직이지 않도록 바닥에 잘 고정한다.
2. 두 명의 유아가 부딪히지 않도록 순서를 지켜 활동을 진행한다.

활동 13 교실 꾸미기

연령	영역
만 5세	예술경험

활동 목표

예술경험>예술적 표현하기>극놀이로 표현하기>소품, 배경, 의상 등을 사용하여 협동적으로 극놀이를 한다.

- 초등학교 교실에 관심을 가진다.
- 초등학교 교실을 구성한다.
- 인형을 사용하여 학교 생활을 극놀이로 표현한다

활동 자료

함석판, 자석, 하드보드지, 시트지, 마스킹 테이프, 코팅된 교실 내부 사진, 벨크로 테이프, 가위, 칼

제작 방법

|역할 상자|

1. 5면의 하드보드지 위에 함석판을 넣고 시트지를 붙인다.
2. 바깥면에 시트지를 붙인다.
3. 테두리를 마스킹 테이프로 고정시킨다.
4. 앞면은 열릴 수 있게 벨크로 테이프로 고정시킨다.

|소품 모형|

1. 하드보드지를 잘라 삼각대를 만든다.
2. 밑면에 자석을 붙인다.
3. 어린이 그림, 책상, 의자 그림은 여러 장을 복사한 후 코팅한다.

4. 코팅한 교실 내부 모형 사진을 잘라 삼각대에 붙인다.

활동 방법

1. 초등학교 교실의 모습을 상상한다.
2. 준비된 재료를 탐색한다.
3. 재료를 활용하여 만들고 싶은 것들을 생각해 본다.
4. 소품 사진 자료들을 탈부착하며 즐겁게 교실을 꾸민다.

참고 사항

1. 주제에 따라 인형을 만들어 활동할 수 있다.

활동 14 명화 감상하기

연령	영역
만 5세	예술경험

활동 목표

예술경험>예술 감상하기>다양한 예술 감상하기>다양한 음악, 춤, 미술작품, 극놀이 등을 듣거나 보고 즐긴다.

- 미술작품에 관심을 가진다.
- 명화를 감상한다.

자연탐구>수학적 탐구하기>공간과 도형의 기초개념 알아보기>기본 도형의 공통점과 차이점을 알아본다.

- 명화의 차이를 인식한다.

활동 자료

명화 그림 카드(명화 그림, 다른 그림 각 10장), 자석막대, 머메이드지, 함석판, 코팅지, 고리, 가위

제작 방법

1. 명화 그림과 다른 그림을 준비한다.
2. 명화 그림을 포토샵을 이용하여 3~4군데 그림을 다르게 준비한다.
3. 명화와 다른 그림을 머메이드지 한 장에 함께 붙인다.
4. 명화 뒷면에 자석이 붙을 수 있도록 함석판을 잘라 붙인다.
5. 명화가 붙어 있는 머메이드지 뒷면에 각 명화의 제목과 설명을 써서 붙인다.
6. 명화와 설명이 붙어 있는 종이를 코팅하여 구멍을 내어 고리를 끼운다.

활동 방법

1. 명화를 보고 누가 그렸을지, 그림에 담겨 있는 의미는 무엇인지 생각해 본다.
2. 명화 뒷면에 붙어 있는 명화의 제목과 설명을 읽어 본다.
3. 자석막대를 든다.
4. 다른 그림과 명화를 비교하여 다른 부분을 찾으면 자석막대를 이용해 그 부분을 찍어 본다.
5. 자석이 붙으면 정답, 붙지 않으면 다시 다른 부분을 찾아본다.

참고 사항

1. 혼자 하거나 두 명의 친구가 게임 형식으로 진행할 수 있다.

활동 15 얼마일까요?

연령	영역
만 5세	자연탐구

활동 목표

자연탐구>수학적 탐구하기>수와 연산의 기초개념 알아보기>생활 속에서 사용되는 수의 여러 가지 의미를 안다.

- 물건이 판매되는 가격이 있음을 이해한다.
- 돈의 단위에 대해 이해한다.

자연탐구>수학적 탐구하기>수와 연산의 기초개념 알아보기>구체물을 가지고 더하고 빼는 경험을 해 본다.

- 돈을 이용하여 더하기, 빼기를 한다.

활동 자료

함석판, 머메이드지, 하드보드지, 시트지, 마스킹 테이프, 고리, 코팅지, 고무자석, 가위, 칼

제작 방법

|판|

1. 하드보드지를 반으로 잘라 맨 뒷면을 제외하고 함석판을 붙인다.
2. 모든 면에 머메이드지를 붙이고 마스킹 테이프를 모서리에 붙인다.
3. 맨 앞면에 검정색 마스킹 테이프를 이용하여 8칸을 만들고 칸 위쪽에 제목을 붙인다.
4. 뒷면에 칸을 나누어 돈 금액을 붙인 후 구멍을 뚫어 고리로 연결한다.

|돈, 그림 자료|

1. 1,000원, 500원, 100원, 50원, 10원과 물건 그림 자료를 프린트한 후 배지를 대고 코팅한다.

2. 코팅한 뒷면에 고무자석을 붙이고 판에 정리하여 붙인다.

|가격표|

1. 과일 가게, 꽃 가게, 가전제품 가게, 채소 가게 표를 만들어 물건과 가격을 쓴 후 코팅한다.
2. 구멍을 뚫어 고리로 연결한다.

활동 방법

1. 준비되어 있는 물건 사진을 4가지 고른다.
2. 고른 사진을 앞면의 칸 왼쪽에 붙인다.
3. 가격표를 보고 고른 물건의 가격을 찾는다.
4. 맞는 돈을 찾아 사진의 옆 칸에 붙인다.
5. 가격표를 보고 금액이 맞았는지 확인한다.

참고 사항

1. 혼자 또는 2명의 친구가 활동에 참여한다.
2. 돈과 물품을 판에 정리하여 분실하지 않도록 한다.

활동 16 달력 숫자 빙고

연령	영역
만 5세	자연탐구

활동 목표

자연탐구>수학적 탐구하기>규칙성 이해하기>생활 주변에서 반복되는 규칙성을 알고 다음에 올 것을 예측해 본다.

- 요일이 반복됨을 이해한다.
- 일주일이 7일로 이루어져 있음을 안다.
- 한 달이 4~5주로 이루어져 있음을 안다.

활동 자료

하드보드지, 검정색 도화지, 야광별 스티커, 색지, 투명 시트지, 마스킹 테이프, 코팅지, 가위

제작 방법

|돌림판|

1. 월요일~일요일까지 적은 돌림판을 만들어 우드락을 붙인다.
2. 화살표를 만들어 할핀을 이용해 중앙에 고정시킨다.

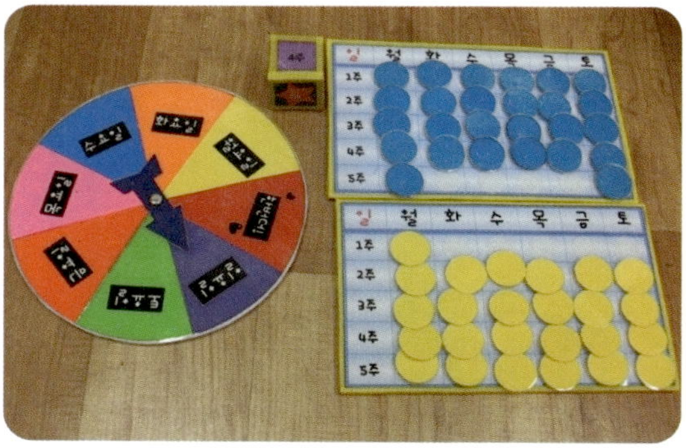

|게임판|

1. 가로는 요일, 세로는 주를 표시한 게임판을 두 개 만든다.
2. 파란색과 노란색 동그라미를

그려 오린 후 코팅해 카드를 만든다.

|주사위|

1. 하드보드지로 주사위를 만들어 1주~5주를 표시한다. (나머지 면은 '꽝' 을 표시한다.)
2. 모든 면의 모서리를 마스킹 테이프로 마무리한다.

활동 방법

1. 친구와 게임판을 하나씩 나누어 가진다.
2. 노란색, 파란색을 정하여 동그라미 카드를 각각 가져간다.
3. 게임의 순서를 정한다.
4. 돌림판을 돌려 나오는 요일과 주사위를 던져 나오는 주에 맞는 게임판의 위치를 찾아 자신의 동그라미 카드를 붙인다.
5. 가로, 세로 줄을 합하여 먼저 3줄을 채우는 유아가 '빙고' 를 외치면 게임은 끝난다.

참고 사항

1. 팀별로 활동할 수 있다.
2. 동그라미 카드 대신 숫자 카드를 만들어 활동할 수 있다.

활동 17 대칭 놀이

연령	영역
만 5세	자연탐구

활동 목표

자연탐구>수학적 탐구하기>규칙성 이해하기>생활 주변에서 반복되는 규칙성을 알고 다음에 올 것을 예측해 본다.

- 대칭의 개념을 이해한다.
- 사물을 대칭으로 구성한다.

자연탐구>수학적 탐구하기>공간과 도형의 기초개념 알아보기>위치와 방향을 여러 가지 방법으로 나타내 본다.

- 사물의 위치와 방향을 조절하며 구성한다.

활동 자료

함석판, 우레탄, 하드보드지, 원 자석, 코팅지, 고리

제작 방법

|대칭 놀이판|

1. 컴퓨터 워드 작업으로 가로 12칸 세로 8칸 크기로 바둑판 모양 표를 만들고 인쇄 후 코팅한다.
2. 활동명과 게임 방법을 인쇄한 후 코팅한다.
3. 하드보드지 반쪽 면에 함석판을 붙인 후 '1'을 붙인다.

4. A4용지 바둑판 모양에 다양한 대칭 무늬를 만들고 뒷면에 대칭되는 답안을 붙여 코팅한다.
5. 다양한 대칭 무늬 판과 책 앞면을 고리를 걸어 연결한다.

|말|

1. 가로 세로 3cm 크기로 우레탄을 오린다.
2. 원 자석 위에 우레탄을 붙인다.

활동 방법

1. 카드를 보고 대칭되는 공간을 생각한다.
2. 자석을 대칭되는 공간에 위치와 방향에 맞게 붙인다.
3. 색을 구별하며 붙인다.
4. 뒷면의 정답과 비교한다.

참고 사항

1. 난이도에 따라 색을 구별해 활동해 볼 수 있다.

활동 18 시계 놀이

연령	영역
만 5세	자연탐구

활동 목표

자연탐구>수학적 탐구하기>수와 연산의 기초개념 알아보기>생활 속에서 사용되는 수의 여러 가지 의미를 안다.

- 시간의 단위에 초, 분, 시간이 있음을 안다.
- 시계 속 숫자가 5분 간격으로 나열되어 있음을 안다.
- 시계 속 숫자 1~12가 의미하는 시간을 이해한다.

활동 자료

하드보드지, 우드락, 색깔 시트지, 색지, 투명 시트지, 할핀, 가위

제작 방법

|시계 게임판|

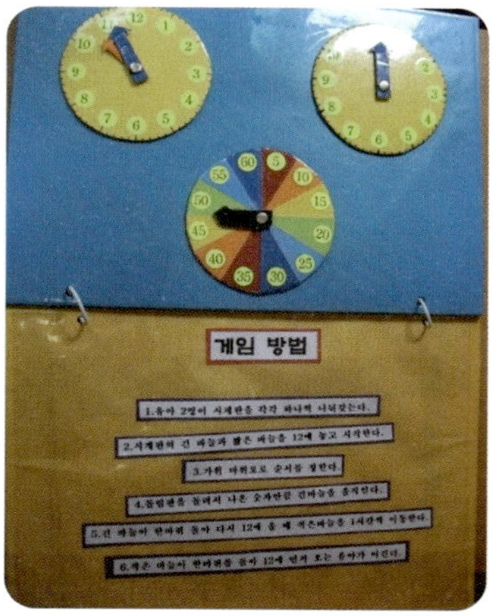

1. 하드보드지에 15cm의 원을 세 개 그려 자른다.
2. 자른 원 중 2개에 색깔 시트지를 붙여서 잘라 시계판을 만든다.
3. 나머지 1개의 원을 12칸으로 나누어 색깔 시트지를 붙여 돌림판을 만든다.
4. 2개의 시계판에 '1~12' 까지의 숫자를 붙이고 눈금을 표시하여 투명 시트지를 붙인 후 긴 바늘과 짧은 바늘을 만들어 시계판 중앙에 할핀으로 고정시킨다.

5. 돌림판에 5의 배수로 나눠진 '5～60' 까지의 숫자를 붙인 후 화살표를 만들어 판 중앙에 할핀으로 고정시킨다.
6. 하드보드지에 우드락을 붙인 후 투명 시트지를 붙여서 시계 밑판으로 사용한다.

|규칙판|

1. 하드보드지에 우드락을 붙인다.
2. 색지에 인쇄한 게임 규칙을 붙여서 자른다.
3. 게임 규칙을 하드보드지에 붙인 다음 투명 시트지를 붙인다.

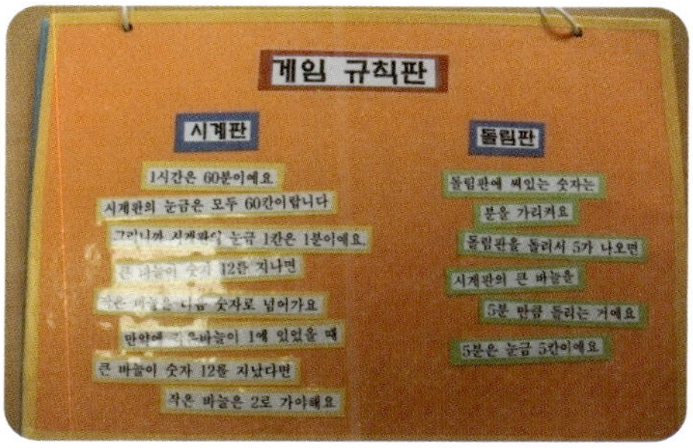

활동 방법

1. 유아 2명이 시계판을 하나씩 나누어 갖는다.
2. 시계판의 긴 바늘과 짧은 바늘을 12에 놓고 게임을 시작한다.
3. 가위바위보로 순서를 정하여 돌림판을 돌려서 나온 숫자만큼 긴 바늘을 돌린다.
4. 긴 바늘이 한 바퀴 돌아서 12에 올 때마다 짧은 바늘을 1시간씩 돌린다.
5. 짧은 바늘이 한 바퀴 돌아서 12에 먼저 오는 사람이 이긴다.

활동 19 오목 놀이

연령	영역
만 5세	자연탐구

활동 목표

자연탐구>수학적 탐구하기>공간과 도형의 기초개념 알아보기>위치와 방향을 여러 가지 방법으로 나타내 본다.

- 다양한 위치와 방향으로 구성한다.

자연탐구>수학적 탐구하기>공간과 도형의 기초개념 알아보기>여러 방향에서 물체를 보고 그 차이점을 비교해 본다.

- 가로, 세로, 대각선을 기준으로 모양을 탐색한다.
- 두 가지 색의 바둑알 모습을 비교한다.

활동 자료

함석판, 우레탄, 하드보드지, 원 자석, 실, 바늘, 펠트지, 마스킹 테이프, 칼, 가위

제작 방법

|바둑판|

1. 한글 워드 작업으로 가로 12칸 세로 9칸의 표 만들기를 해서 바둑판 모양을 만든다.
2. 함석판 밑바닥에 우드락과 하드보드지를 붙인다.
3. '2' 를 반으로 자른다.
4. '3' 의 윗면에 반으로 자른 '1' 을 함석판 위에 붙인다.
5. 윗면 반쪽에는 활동명을 붙이고, 다

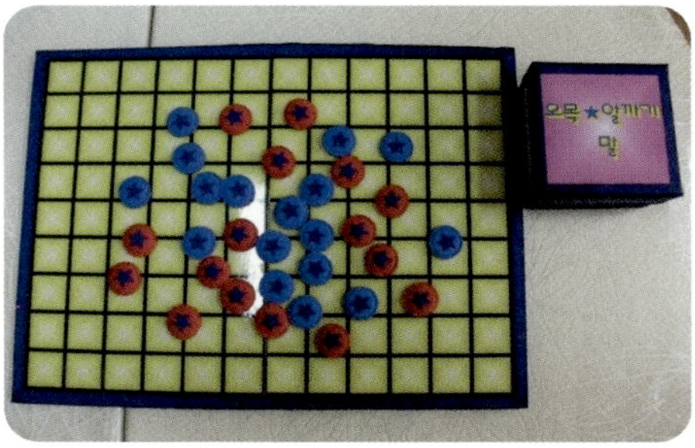

른 반쪽에는 게임 방법을 붙인 후 마스킹 테이프를 겉 테두리에 붙여서 마무리 한다.

|말|

1. 분홍색 펠트지를 지름 3cm 크기의 원 모양으로 40개 오린다.
2. 파란색 펠트지를 지름 3cm 크기의 원 모양으로 40개 오린다.
3. 원 자석을 펠트지 안에 넣고 실과 바늘을 이용해 꿰멘다.
4. 말 위에 모양 펠트지를 붙여 꾸민다.

활동 방법

|오목|

1. 가위바위보를 해서 원하는 색의 말을 갖는다.
2. 이긴 사람이 먼저 오목판에 말을 하나 올려놓는다.
3. 진 사람이 다음 순서로 말을 하나 올려놓는다.
4. 가로, 세로, 대각선 등 한 줄에 같은 색 말을 순서대로 5개 먼저 줄지어 놓는 사람이 이긴다.

|알까기|

1. 먼저 바둑판 위에 같은 수의 말을 자신의 진영에 늘어놓는다.
2. 준비가 끝나면 선과 후가 번갈아 공격 기회를 갖는다.
3. 차례가 오면, 자신이 늘어놓은 말 또는 이미 튕겨서 이동한 자신의 말 중 하나를 선택하여 어느 방향이든 손가락으로 튕길 수 있다.
4. 바둑판 밖으로 나간 말은 사용할 수 없다.
5. 바둑알이 모두 바둑판 바깥으로 나가면 게임이 끝나며, 마지막에 말이 바둑판 위에 남아 있는 쪽이 이긴다.

활동 20 테트리스 만들기

연령	영역
만 5세	자연탐구

활동 목표

자연탐구>수학적 탐구하기>공간과 도형의 기초개념 알아보기>기본 도형을 사용하여 여러 가지 모양을 구성해 본다.

- 정해진 공간 안에서 도형을 구성한다.

자연탐구>수학적 탐구하기>공간과 도형의 기초개념 알아보기>기본 도형의 공통점과 차이점을 알아본다.

- 도형의 모양을 비교한다.
- 모양이 다른 도형을 연결하여 구성한다.

활동 자료

함석판, 우드락, 폼보드, EVA, 자석, 상자, 양면 테이프, 페트병, 가위, 칼

제작 방법

|게임판|

1. 함석판을 알맞은 크기로 잘라 두 장을 만든 후 모서리는 둥글게 마무리한다.
2. 알맞은 크기로 자른 함석판 위에 우드락으로 테두리를 만든다.

|테트리스 조각|

1. 폼보드를 이용해 테트리스 조각을 색깔별로 자른다. (조각은 ㅁ, ㅗ, ㅣ, ㅡ, ㄱ, ㄴ 모양으로 구성)
2. 조각 뒤에 자석을 붙인다.

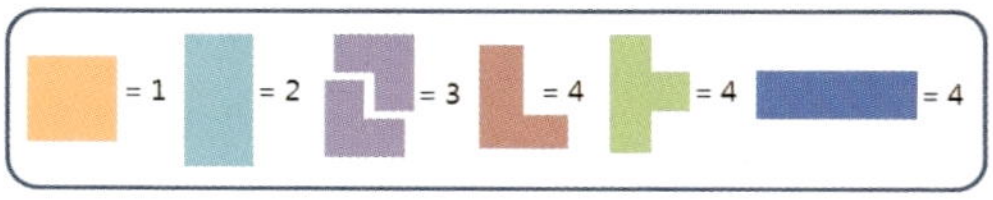

|주사위|

1. 페트병과 우드락을 알맞게 자른 후 우드락 위에 색지를 씌운다.
2. 우드락 위에 숫자를 써 붙이고 시트지를 붙인 후 칸막이를 만든다.
3. 우드락과 페트병을 붙인 후 안에 구슬을 넣는다.

활동 방법

1. 함께 할 친구와 순서를 정한 후 주사위를 돌린다.
2. 주사위를 흔들어 나온 숫자의 테트리스 조각을 이용해 게임판에 붙인다.
   (예: 숫자 3이 나오면 'ㄱ', 'ㄴ'을 사용해 붙인다.)
3. 먼저 게임판을 다 완성하는 사람이 이긴다.

참고 사항

1. 게임을 잘 이해해지 못하는 유아를 위해 그림 예시를 준비한다.

활동 21 태양계 퍼즐 맞추기

연령	영역
만 5세	자연탐구

활동 목표

자연탐구>탐구하는 태도 기르기>호기심을 유지하고 확장하기>주변 사물과 자연세계에 대해 지속적으로 호기심을 갖고 알고자 한다.

- 우주에 대해 관심을 가진다.
- 태양계의 모습을 안다.

자연탐구>수학적 탐구하기>공간과 도형의 기초개념 알아보기>여러 방향에서 물체를 보고 그 차이점을 비교해 본다.

- 퍼즐 조각을 다양한 방법으로 탐색한다.

활동 자료

하드보드지, 투명 시트지, 그림 자료(태양계 사진), 양면 테이프, 칼, 사인펜

제작 방법

|퍼즐판|

1. 하드보드지를 이용하여 밑판을 만든다.
2. 하드보드지를 잘라 테두리를 만든다.
3. 만든 퍼즐 조각 모양을 밑판에 대고 사인펜으로 테두리를 그린다.

|퍼즐 조각|

1. 태양계 사진을 하드보드지에 붙인다.
2. 여러 조각으로 그려 칼로 자른다

3. 퍼즐 조각을 시트지로 감싼다.

활동 방법

1. 태양계 그림의 완성 모습을 살펴본다.
2. 태양계 그림에 대하여 이야기를 나눈다.
3. 퍼즐 조각을 맞춰 본다.
4. 활동이 끝나면 정리한다.

참고 사항

1. 난이도를 낮추기 위해서는 퍼즐판이 완성되었을 때의 그림을 제시해 주고 맞춰 보기를 할 수 있다.

활동 22 분리수거를 해요

연령	영역
만 5세	자연탐구

활동 목표

자연탐구>과학적 탐구하기>생명체와 자연환경 알아보기>생명체가 살기 좋은 환경과 녹색 환경에 대해 알아본다.

- 환경에 대해 관심을 가진다.
- 분리수거의 필요성을 이해한다.

자연탐구>수학적 탐구하기>기초적인 자료 수집과 결과 나타내기>한 가지 기준으로 분류한 자료를 다른 기준으로 재분류해 본다.

- 종류에 따라 쓰레기를 분류한다.

활동 자료

빈 상자, 휴지 심, 펠트지, 다양한 재활용품 사진, 코팅지, 색지, 글루건, EVA, 할핀, 가위, 송곳

제작 방법

1. 빈 상자를 자동차 모양으로 재단한 뒤 펠트지로 감싼다.
2. 휴지 심을 주황색, 연두색, 노란색, 하늘색 펠트지로 감싼다.
3. 상자 위에 휴지 심을 글루건으로 고정시킨다.
4. 자동차 앞면에 번호판, 깜빡이등을 코팅하여 꾸민다.
5. 다양한 재활용품들의 사진을 인쇄한 뒤 코팅하여 겉면을 둥글게 오린다.
6. 돌림판을 인쇄하여 코팅한 뒤 EVA 위에 붙인다.
7. 돌림판 가운데에 구멍을 뚫어 화살표를 꽂고 할핀으로 고정시킨다.

활동 방법

1. 캔, 유리, 병, 종이류의 물건들에는 어떤 것이 있는지 알아본다.
2. 분리수거 차의 색깔별 분리수거 통을 살펴본다.
3. 돌림판을 돌리며 알맞은 분리수거 통에 재활용품을 넣어 본다.
4. 분리수거 통에서 재활용품들을 꺼내며 알맞게 정리했는지 살펴본다.

참고 사항

1. 실제 재활용품을 분리수거 통에 분리하여 쓰레기를 버릴 수 있다.

활동 23 재활용품 분리수거 하기

연령	영역
만 5세	자연탐구

활동 목표

자연탐구>과학적 탐구하기>생명체와 자연환경 알아보기>생명체가 살기 좋은 환경과 녹색 환경에 대해 알아본다.

- 환경에 대해 관심을 가진다.
- 분리수거의 필요성을 이해한다.

자연탐구>수학적 탐구하기>기초적인 자료 수집과 결과 나타내기>한 가지 기준으로 분류한 자료를 다른 기준으로 재분류해 본다.

- 종류에 따라 쓰레기를 분류한다.

활동 자료

우드락, 하드보드지, 코팅지, 색상지, 마스킹 테이프, 우유병 뚜껑, 사자와 호랑이 그림, 시트지, 우유 상자, 펠트지, 벨크로 테이프, 글루건, 가위

제작 방법

|주사위|

1. 하드보드지를 이용해 주사위를 만든다.
2. 마스킹 테이프를 이용해 마무리한 후 숫자를 코팅하여 각 면에 붙인다.

|숫자판|

1. 하드보드지와 우드락을 붙여 판을 2장 만들고 벨크로 테이프를 붙인다.
2. 사자, 호랑이 그림을 인쇄하여 코팅한 후 자른다.
3. 사자, 호랑이 그림을 우유병 뚜껑에 붙여 말을 만든다.

|게임판|

1. 재활용품 그림을 찾아 인쇄한다.
2. 하드보드지에 그림을 붙이고 차례로 길을 만들고 출발과 도착을 표시한 다음 시트지로 감싼다.

|분리수거 통, 재활용품 카드|

1. 우유 상자 8개를 펠트지로 각각 감싼 후 각 재활용품 이름을 붙인다.
2. 8개의 상자를 글루건을 이용해 붙인다.
3. 재활용품 그림 카드 각 30장을 만든다.

활동 방법

1. 가위바위보를 하여 이긴 사람이 먼저 시작한다.
2. 주사위를 던져 나온 숫자만큼 말을 이용해 움직인다.
3. 그림에 맞는 재활용품 카드를 찾아 분리수거 통에 넣는다.
4. 말이 도착지점까지 먼저 도착하면 게임이 끝난다.
5. 분리수거 통에 넣은 카드를 합산하여 점수가 높은 사람이 이긴다.

활동 24 포도 완성하기

연령	영역
만 5세	자연탐구

활동 목표

자연탐구>수학적 탐구하기>수와 연산의 기초개념 알아보기>구체물을 가지고 더하고 빼는 경험을 해 본다.

- '+', '−'가 의미하는 것을 이해한다.
- 숫자를 더하고 빼는 경험을 한다.

자연탐구>수학적 탐구하기>수와 연산의 기초개념 알아 보기>스무 개가량의 구체물을 세어 보고 수량을 알아본다.

- 1~20까지의 숫자를 세어 본다.

활동 자료

계란판, 펠트지(초록색, 연두색), 모루, 래커(검은색, 연두색), 뽕뽕이, 스펀지, 바늘, 실, 가위

제작 방법

|포도판|

1. 계란판 2개를 포도 모양으로 자른다.
2. 계란판에 검은색, 연두색 래커 칠을 한다.
3. 초록색, 연두색 펠트지를 포도잎 모양으로 자른다.
4. 자른 펠트지를 반으로 접어 접은 부분을 바느질한 후 편다.
5. 완성된 포도잎을 계란판에 붙인다.
6. 모루를 15~20cm로 잘라 꼬아서 포도잎 위에 붙인다.

|주사위|

1. 펠트지를 4×4cm 크기로 자른다.
2. 4×4cm로 자른 스펀지를 '1'의 펠트지로 감싸고 바느질한다.
3. 주사위 단면에 더하기, 빼기, 숫자 모양으로 자른 펠트지를 붙인다.

활동 방법

1. 각자 포도판을 나누어 가진다.
2. 순서를 정하여 주사위 3개를 던진다.
3. 더하기 부호가 나왔을 경우 숫자를 더한 수만큼 뽕뽕이를 포도판에 넣고, 빼기 부호가 나왔을 경우 큰 수에서 작은 수를 뺀 수만큼 뽕뽕이를 포도판에 넣는다.
4. 먼저 포도알을 가득 채워 포도를 완성한 유아가 이긴다.

참고 사항

1. 포도판에 뽕뽕이를 가득 채워 넣은 다음 뽕뽕이를 빼내는 방법으로도 활동할 수 있다.
2. 활동 대상 연령을 낮출 경우 주사위를 하나만 이용하여 게임을 진행한다.

활동 25 동물 빙고

연령	영역
만 5세	자연탐구

활동 목표

자연탐구>수학적 탐구하기>공간과 도형의 기초개념 알아보기>여러 방향에서 물체를 보고 그 차이점을 비교해 본다.

- 가로, 세로, 대각선을 기준으로 모양을 탐색한다.
- 그림 종류에 따라 모양을 비교한다.

사회관계>다른 사람과 더불어 생활하기>친구와 사이좋게 지내기>친구와 협동하며 놀이한다.

- 둘이 함께 하는 놀이의 즐거움을 안다.

활동 자료

하드보드지, 한지, 빙고판용 동물 그림, 주사위용 그림(동물, 사람, 꽃), 마스킹 테이프, 색상지, 코팅지, 가위, 칼

제작 방법

|빙고판|

1. 하드보드지를 잘라 같은 크기의 빙고판을 2개 만든다.
2. 하드보드지에 한지를 붙이고 선으로 가로 5칸, 세로 5칸을 만든다.
3. 동물 그림을 코팅하여 오린다.

|주사위|

1. 하드보드지로 정육면체를 만든다.
2. 색지를 붙이고 동물, 사람, 꽃 그림을 붙인다.
3. 마스킹 테이프로 모서리 부분을 마무리한다.

활동 방법

1. 각자 빙고판을 하나씩 갖는다.
2. 가위바위보로 순서를 정한다.
3. 주사위를 던져 나온 동물을 빙고판에 붙인다.
4. 사람 그림이 나오면 빙고판에서 동물 하나를 뺀다.
5. 꽃 그림이 나오면 한 번 쉰다.
6. 가로, 세로, 대각선으로 같은 동물을 채운 사람이 이기게 된다.

참고 사항

1. 가로, 세로, 대각선의 의미를 이해한 후 게임을 한다.

활동 26 바둑알 놀이

연령	영역
만 5세	자연탐구

활동 목표

자연탐구>수학적 탐구하기>규칙성 이해하기>스스로 규칙성을 만들어 본다.

- 바둑에 반복되는 규칙이 있음을 안다.

사회관계>다른 사람과 더불어 생활하기>사회적 가치를 알고 지키기>다른 사람과 한 약속이나 공공규칙을 지킨다.

- 게임에는 지켜야 할 약속이 있음을 안다.
- 약속을 지키며 게임을 즐긴다.

활동 자료

클레이 점토(흰색, 검정색), 펠트지(흰색, 검정색), 시트지, 직사각형 빈 상자, 빈 껌통 2개, 한지, 인쇄물, 코팅지, 벨크로 테이프, 고리, 니스, 칼, 자, 가위, 펀치

제작 방법

1. 8.5×38cm 직사각형 상자를 한지로 붙인다.
2. 바둑판 모양을 인쇄하여 직사각형 상자 위쪽 면의 양 끝부분을 조금씩 남겨 두고 중앙에 상자 전체를 접착 시트지로 싼다.
3. 바둑판 양쪽의 남은 부분에 벨크로 테이프를 간격을 두고 붙인다.
4. 4.5×4.5cm 원 모양으로 흰색, 검정색을 인쇄한 후 코팅하고 뒤에 벨크로 테이프를 붙인다.
5. 클레이 점토 흰색과 검정색을 바둑알 크기로 빚고 마르면 니스를 바른다.
6. 빈 껌통을 흰색, 검정색 펠트지로 싸고 그 안에 점토 바둑알을 넣는다.

7. 바둑 놀이에 관련된 활동 규칙을 인쇄하고 코팅한 후 왼쪽편에 구멍을 내어 고리를 끼운다.

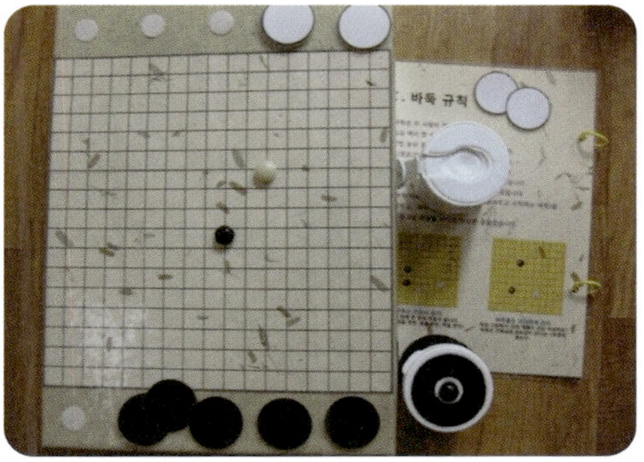

활동 방법

1. 바둑알과 바둑판을 보여 주며 어떤 놀이를 위해 사용하는 것일지 이야기 나눈다.
2. 게임 설명서를 보여 주며 살펴볼 수 있도록 돕는다.
3. 궁금한 점에 대해 질문할 수 있도록 한다.
4. 다양한 바둑 놀이를 해볼 수 있도록 한다.

참고 사항

1. 게임을 할 때 교사가 옆에서 도움을 준다.

활동 27 별자리를 알아봐요

연령	영역
만 5세	자연탐구

활동 목표

자연탐구>과학적 탐구하기>자연현상 알아보기>낮과 밤, 계절의 변화와 규칙성을 알아본다.

- 별자리에 관심을 가진다.
- 별자리 모양을 탐색한다.
- 별자리의 이름과 유래에 관심을 가진다.

활동 자료

하드보드지, 검정색 도화지, 야광별 스티커, 색지, 투명 시트지, 검정색 시트지, 마스킹 테이프, 연필, 가위

제작 방법

|별자리 카드|

1. 검정색 도화지 위에 별자리를 그린다.
2. 그린 선 위에 야광별 스티커를 붙인다.
3. 하드보드지 위에 도화지를 붙인 후 투명 시트지를 붙인다.
4. 뒷면에 별자리의 의미나 유래(전설)를 붙인다.
5. 마스킹 테이프를 붙여 마무리한다.

|활동 상자|

1. 하드보드지로 상자를 만든다.
2. 안과 바깥 면은 검정색 시트지를 붙인다.
3. 상자 측면에 눈이 보일 만큼 구멍을 내고 윗면 끝쪽에 카드가 들어갈 만큼 구멍을 낸다.

4. 겉면에 야광 스티커를 붙인다.
5. 마스킹 테이프를 붙여서 마무리한다.

활동 방법

1. 여러 가지 별자리를 관찰해 본다.
2. 별자리 카드를 상자에 꽂아서 구멍으로 확인한다.
3. 별자리를 관찰해 보고 카드 뒤에 씌어 있는 별자리의 의미를 알아본다.

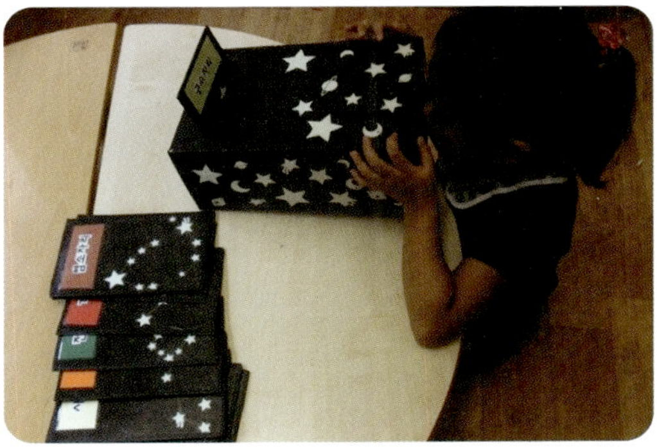

참고 사항

1. 야광 스티커는 형광등 불빛에 오래 비칠수록 더 밝게 나타난다.

/교/과/교/재/연/구/및/지/도/법/

참고 문헌

국립국어연구원(1999). 표준국어대사전. 서울: 두산 동아.

김경회, 한성희, 김혜금(2010). 영유아 관찰 및 실습. 경기: 정민사.

김유정, 김정원(2012). 영유아 교육과정을 중심으로 한 교재 · 교구 연구 및 지도법. 경기: 양서원.

김정규, 이광자, 조정숙(1997). 제3판 교과교재 연구 및 지도법. 경기: 정민사.

김정규, 이광자, 조정숙(2010). 제4판 교과교재 연구 및 지도법. 경기: 정민사.

김정규, 이광자, 조정숙, 한애향(2016). 교과교재 연구 및 지도법. 경기: 정민사.

김정원, 심은희, 이경화, 이연규, 장은주, 전선옥, 조순옥, 조화연, 최일선(2010). 보육학개론. 경기: 양서원.

나은숙, 윤희경, 오완숙, 문복진, 안혜진(2018). 영유아 교과교재 연구 및 지도법. 경기: 양서원.

박진희, 정동희(2018). 유아 교과 · 교재 연구 및 지도법. 서울: 동문사.

안인희, 김미환, 김영숙, 김은산, 오은경, 이규환, 이기숙, 이상금, 정세화, 정혜영, 정희숙(1993). 현대 교육고전의 이해. 서울: 이화여자대학교 출판부.

안인희, 김영숙, 김은산, 오은경, 이경우, 이규환, 임선희, 정세화, 정혜영, 정희숙(1992). 교육고전의 이해. 서울: 이화여자대학교 출판부.

오연주, 안은숙, 김혜수, 이은상, 이경실, 고영주, 이명희(2003). 제작 과정 중심의 교재 · 교구 이론과 실제. 서울: 창지사.

오연주, 이지영, 손진실(2015). 교재교구의 이론과 실제. 서울: 창지사.

위영희, 문혁준, 이희정, 한성희, 박정원(2013). 개정 영유아교수법. 서울: 창지사.

이선애, 한서연, 유은석, 한경애(2018). 교과교재 연구 및 지도법. 경기: 정민사.

이성호(1999). 교수방법론. 서울: 학지사.

이숙재(2001). 유아놀이활동. 서울: 창지사.

이영자, 이기숙, 이정욱(1999). 유아 교수 · 학습 방법. 서울: 창지사.

임병덕(1998). 탐구학습의 개념과 역사. 서울: 서울대학교 교육연구소(편).

전선영, 유향선, 김은심, 문용은(2002). 유아교사를 위한 교수매체의 이론과 실제. 서울: 창지사.

정상녀, 박미자, 박형신, 김경란(2010). 2007 개정 유치원 교육과정에 근거한 교과교재 연구 및 지도법. 경기: 공동체.

정연희(2014). 유아 교과교재 및 연구법. 서울: 창지사.

조성연, 이정희, 김온기, 제경숙, 황혜정, 나유미, 박진재, 송혜린, 임연진, 나종혜, 권연희(2006). 영유아보육의 이해. 서울: 학지사.

조성자, 정동희(2011). 프뢰벨 가베교육의 이론과 실제. 서울: 창지사.

중곡1동 어린이집(2013). 중곡1동 어린이집 보고서.

한국가베교육협회 홈페이지(www.gabe.or.kr)

한미몬테소리협회(2016). 몬테소리 수학 영역.

한미몬테소리협회(2018). 몬테소리 감각 영역.

한성희, 임연진(2005). 교수·학습 방법 향상을 위한 영유아 교재교구 연구. 서울: 창지사.

한성희, 임연진(2014). 교구교재 연구 및 지도. 서울: 창지사.

황소영, 나혜선(2018). 교과교재 연구 및 지도법. 경기: 정민사.

Bredekamp, S., & Rosegrant, T. (Eds.) (1992). *Reaching Potentials: Transforming early childhood curriculum and assessment*(vol. 1). Washington DC: NAEYC.

Eggen, P. D., & Kauchak, D. P. (1996). *Strategies for teachers*. Boston, MA: Allyn and Bacon.

/ 저 / 자 / 소 / 개 /

한성희

연세대학교 대학원 아동학과 박사

전) 동남보건대학교 유아교육과 교수

현) 경인여자대학교 아동미술보육과 교수

저서 유아교육개론, 보육실습, 영유아 관찰 및 실습, 영아 발달,
영유아교수법, 아동관찰 및 행동연구 외 다수

홍길회

연세대학교 및 대학원 아동학과 졸업

G. Araneta University(아동교육) 박사

현) 동남보건대학교 유아교육과 교수

저서 아동관찰 및 행동연구, 유아사회교육의 실제, 창의성교육의 실제,
영유아를 위한 수학교육, 유아전통문화교육, 영유아건강교육,
사회 · 가족 변화에 따른 부모교육, 유아발달의 이해,
영아발달의 이해, 아동문학과 동화구연, 결혼과 가족관계 외 다수

영유아를 위한

교과교재 연구 및 지도법

초판 1쇄 발행 2019년 3월 2일
초판 2쇄 발행 2021년 1월 18일

지 은 이 | 한성희 · 홍길회
펴 낸 이 | 김기섭
책임편집 | 이윤희
펴 낸 곳 | 창지사 www.changjisa.com
153-802 서울시 금천구 가산디지털 1로 83 파트너스타워1차 9층
전화 (02) 719-2211~3
팩스 (02) 701-9386
등 록 | 1977년 4월 28일 · 제1-421호

ISBN 978-89-426-1227-7 (93370)

값 20,000원

이 도서의 국립중앙도서관 출판예정도서목록(CIP)은 서지정보유통지원시스템 홈페이지(http://seoji.nl.go.kr)와 국가자료공동목록시스템(http://www.nl.go.kr/kolisnet)에서 이용하실 수 있습니다.(CIP제어번호: CIP2019006424)